KB162588

3000년 '카르마'가 낳은

인도상인 이야기

김문영

책을 내면서

끝을 처음 인도와 같이 하고 싶었다. 중심 없는 시간이 많았으나 어느 순간부터 주신 모습에 감사하고 또 타협해 가는 시간이었다. 모습에 맞게 그 무엇이 인도하는, 마음이 가는, 그리고 조금은 더 잘 할 분야를 가지고 싶었다.

인도와 직접적 연이 닿은 것은 우리나라에 IMF 경제위기가 덮친 1998년 말이다. 1992년 코트라 입사 후 6년여 동안 인도 관련 조사 및 연구가 재미있었고, 최인훈의 소설 [광장]의 나라 인도 뉴델리를 자원했다.

자료에서 보는 인도와 현지의 현실은 역시 달랐다. 독립 후 40여 년 사회주의도, 이후의 개혁·개방정책도 표면일 뿐 이를 규정하는 근본 힘은 카스트 제도인 것처럼 보였다. 1991년 경제개혁·개방으로의 정책 대전환 이후에도 부침을 지속해 4년 반 동안 현지 근무 후 인도를 떠나던 2002년 초까지도 가능성만 남겼지 인도경제는 아직 이륙을 못하고 있었다.

20여 년 후인 2018년 다시, 그러나 처음 근무지 뉴델리가 아닌 인도 서북부 구자라트 주와 연결되었다. 인도 내 6번째 신설되는 암바다드 무역관장 직에 자원했다. 신설 1인 지사라 처음 의도했던 대로 바닥부터 모든 것을 해야 했고, 아래부터 위까지의 여러 사람들을 직접 만나고 풀어가야 했다.

이를 통해 그동안 뿌옇게 알고 이해하고 전했던 인도, 인도상인, 인도인 이야기를 발로 배우고, 가슴으로 느낄 기회를 얻었다. 3000년 인도 경제를 지배했고 지배하고 있고 또 지배할 구자라티, 마르와리 상인을 직접 보고, 대하고, 느끼고, 고민해야 했다. 현 인도 총리 모디(Narendra Modiji)와 그의 비전 뿌리를 보고, 인간 모디에 푹 빠진 시간이었다. 1년 암다바드 생활 이후 이어진 뉴델리 2년여 생활은 코로나 와중에서도 전체적인 시각에서 인도의 과거와 현재 그리고 향후를 그려 보려 한 시간이었다. 그만큼 인도는 변하고 있었고 커져 있었다.

14억 인구, GDP 3조 달러로 부상한 인도 경제를 조직하고, 움직이고, 끌어가는 집단은 인구의 3% 내외의 상인집단, 즉 바니아(Baniya)다. 약 4,000만이다. 현 인도 10대 부자 중 아홉이 인도 2대 상인집단인 마르와리와 구자라티다. 인도를 넘어 4,000만 해외 인도인 커뮤니티도 화상 이상의 국제협력망을 구축하고 있다. 인도경제의 국제화가 진전됨에 따라 인도상인들의 상인 DNA는 만개하고 있고, G3 인도의 경제적 영향력은 높아만 간다.

세계 3대 상인이라 일컫는 인도 상인은 인도아대륙이라는 독특한 지리와 역사, 카스트라는 사회, 종교적 환경의 결과물이자 집단지성의 산물이다. 미국, 동남아에서 본 유대상인과 화상도, 이들 인도 상인집단도 돈의 문제를 개인을 넘어 일족화, 문화화, 제도화 시킨 결과였다. 우리나라 개성상인도 이 전통과 궤를 같이하는 모범 상인집단이었다.

[3000년 카르마가 낳은 세계 3대 상인, 인도인 이야기]는 지난 30여년의 기간을 통해 느끼고 정리한 인도 상인, 그리고 인도 경제에 관한 이야기다. 그동안 인도의 철학, 종교, 사회 분야에 대한 우리의 이해는 이곳을 거쳐 간 여러 인도 유학생 집단을 통해 어느 정도 알려져 있었다.

그러나 G3 인도의 출발점인 경제적 비상, 그리고 이를 주도하는 인도 상인집단에 대한 소개 는 상대적으로 부족했다.

글은 피로 쓴다고 했던가. 힘들었고, 불민을 확인했고, 당초 생각보다 멀리 떨어져 있다는 아쉬움 가득이다. 적어도 서, 북, 남, 동 4개 지역으로 나누어 봐야 하는 인도의 지리·인문·경제적 특성과 인도 상인집단에 대해 우리가 어떤 자세와 방법으로 접근할지, 시장과 정부의 노력과 실패 등의 주제는 이곳의 코로나 상황과 불민이 겹쳐 원고에 담지를 못했다.

이 책이 나오기까지 감사를 전해야 하는 분들이 너무나 많다. 오화석 교수님의 [마르와리 상인]과 박민준의 [진짜 인도를 알려주마], 김도영 교수님의 [12억 인도를 만나다]는 큰 자극이 되었고 많은 도움을 받았다.

기본적으로 이 책은 지난 2년여 30여 편의 원고 게재 기회를 주신 〈이데일리〉의 기고에 바탕을 두고 있다. 각 2편의 〈한겨레 인사이트〉와 〈헤럴드경제〉 기고도 더해졌다. 이 기회가 주어지지 않았다면 이 책은 불가했다. 감사드린다. 특히 중도에 접으려는 사람을 응원, 격려해 주신 〈이데일리〉 김미경 기자님과 지난한 교정, 편집, 출판을 함께 해 준 친구 석경, 그리고 필디앤씨에게도 감사인사를 전한다.

　이 책은 글보다는 파트너인 인도 경제인들과의 교류경험과 현지 생활에 바탕을 두고 있다. 신남방 핵심 협력국가 인도에 대한 특별한 관심과 격려로 인도의 초대 암다바드 무역관장과 서남아 지역본부장 기회를 주시고, 기고를 격려해 주신 권평오 코트라 사장님과 어려운 시기를 같이 해준 본부 및 무역관 직원분들, 시골 촌놈에게 세상은 이렇게 넓고, 다르고도 같음을 알게 해 준 조직, 코트라에 감사하고 또 감사할 따름이다.

　공식 확진자수 1,200만, 비공식 항체보유율 25%를 넘는 이곳 인도의 코로나 혼돈 속에서도 여러 격려와 지원을 해 주신 신봉길 주인도 한국대사님 및 대사관, 그리고 이 책의 바탕이 되어 주신 우리 기업인, 교민분들께도 이 기회를 빌어 감사인사를 올린다.

　20여 년을 넘어 두 번의 인도 주재 생활을 같이해 준 아내 숙영, 표지를 디자인하고 응원해 준 규연, 의규를 통해 가족의 소중함을 확인하는 시간이었다. 좁은 문으로 인도해 주신 님께 감사드린다.

2021. 3
인도 뉴델리에서

3000년 '카르마'가 낳은

인도상인 이야기

목 차 CONTENTS

3000년 '카르마'가 낳은 인도상인 이야기

글쓴이 : 김 문 영
펴낸이 : 김 석 경
펴낸곳 : (주)필디앤씨
　　　　 서울시 강남구 영동대로 513
　　　　 T. 02-6000-3124
발행일 : 2021년 3월 29일
인 쇄 : 가나인쇄
ISBN : 979-11-967976-2-1

3000년 '카르마'가 낳은
인도상인 이야기

제1부
인도상인 이야기

20년 격세지감 인도, 웅비하는 인도

격세지감 인도

17년 만에 인도 땅을 다시 밟았다. 세상은 변한다지만, 다시 와 본 인도와 머릿속으로 그려보았던 인도, 그리고 부임[1] 후 지난 7개월 간 현장에서 겪어 본 인도의 모습은 각각 '하늘과 땅만큼' 차이가 있었다.

20여 년 전인 1998년 초 코트라 뉴델리 무역관 첫 부임 당시, 우리나라는 IMF 외환위기 여파로 온 하늘에 먹구름이 가득했었다. 인도도 1947년 독립 이후 40여 년의 사회주의 계획경제 모델이 한계에 봉착, 90년대 초 개혁, 개방을 시작했으나 부침이 거듭되던 시기였고 이런 상황은 인도 땅을 떠나

---

1) 필자는 2019년 1월 인도 구자라트주 코트라 암다바드 무역관장으로 부임했으며, 같은 해 8월 1일 서남아지역본부장겸 뉴델리무역관장으로 발령이 났다.

뉴델리, 뭄바이, 암다바드, 뱅갈루루 등 주요 도시마다 재래식 상가가 초대형 최신식 몰과 아파트촌으로 바뀌었다. 사진은 암다바드에 들어선 최신 사무용 빌딩. 필자 직접 촬영.

던 2002년 초반까지도 지속되었다.

2019년 다시 찾은 인도는 엄청나게 변해 있었다. 외자 유통기업 투자금지로 쇼핑몰 하나 없던 재래식 상가의 뉴델리, 뭄바이, 암다바드, 뱅갈루루 등 주요 도시는 초대형 최신식 몰과 아파트촌으로 바뀌었고, 바가지요금이 극심했던 택시는 우버(Uber Taxi), 올라(Ola Taxi) 서비스 도입 이후 택시에서 내릴 때 기사가 서비스를 잘 평가해 달라고 사정하는 시스템으로 달라져 있었다.

수도 뉴델리조차 하루 3~4시간만 전기가 공급되고 식수를 위해 급수차에 줄을 서던 옛 모습은 찾아볼 수 없다. 사무실에서도, 집에서도 발전기가 사라졌다. 아직 한국 수준에는 못 미치지만 한국의 국도 못지않은 도로가 전국을 사통팔달 연결하고 있고 그 넘치는 물동량으로 주요 도시 곳곳에 극심한 교통체증이 일상화되어 있다.

전기요금과 세금을 내고도 언제 다시 청구될지 몰라 과거 4~5년 치 영수증을 모두 보관해야 하던 시절에서, 지금은 전기, 가스, 수도 등의 청구서를 인터넷을 통해 받아 바로 납부하고 그 결과를 컴퓨터에서 확인받을 수 있는 시스템으로 바뀌었다.

고층빌딩 하나 없던 수도 뉴델리와 경제수도 뭄바이는, 과거의 뉴델리나 뭄바이가 맞나 싶을 정도다. 인근 구르가온[2]의 초고층 빌딩과 아파트, 뭄바이 마천루는 눈이 부시고, 사바르마티 강 동편에 한정되었던 암다바드는 이제는 시 중심이 강 서쪽으로 완전히 이동했고, 끝 모를 속도로 서쪽으로의 팽창을 계속하고 있다.

과거에는 가사도우미, 기사 등을 고용할 때 적어도 인건비만큼은 전혀 부담이 없었으나 이제는 파출부, 시간제 기사, 렌트카 등 생활 곳곳에서 주판알을 굴려야 하고 호텔 숙박비는 2~3배가 올라, 국내 여행 자체가 부담이 되는 수준으로 변했다.

세계 문명을 열었고 찬란한 역사를 가졌다는 자부심은 내심 있었지만 외국인을 대하는 모습에서 어딘가 자신 없어 보이고 주눅 들던 과거 인도인의 모습은 찾아볼 수 없다. 지금은 시내 어디에서 어느 부류의 사람을 만나도 당당하고 자신에 차 있다.

---

2) 인도 북부 하리아나 주에서 두 번째로 큰 도시이며 하리아나 주의 산업과 경제의 중심지. 뉴델리에서 남쪽으로 30km 떨어진, 우리나라의 분당 정도의 위성도시.

암다바드에 소재한 현대식 쇼핑몰에서 사람들이 여유를 즐기고 있다. 필자 직접 촬영.

과거에는 극동 3개 국 중 가장 진취적인 한국기업들의 성향과 당시 선도 진출했던 현대자동차, LG전자, 삼성전자 등 우리 대기업과 협력기업의 동반진출로 우리나라는 일본과 비슷한 투자금액이었으나 2020년 기준 일본은 한국 투자 규모의 10배, 거의 전무했던 인도와 중국 간 교역은 우리나라의 5배로 성장해 있었다.

인도 내 6번째 코트라 무역관이 신설된 구자라트(Gujarat) 주로만 한정해 보아도, 모디 총리의 정치적 고향이며 인도 상인집단과 제조업의 본산인 이곳에 투자 진출한 일본 기업이 400여 개 사, 독일도 100개 사에 달하지만 우리 기업 수는 아직 10여개에 불과하다.

굴렁쇠의 역설

이러한 변화는 모두가 기본적으로 1인당 국민소득 700불일 때와 2,000불일 때라는 소득 차이에 기인하겠지만, 피부로 느끼는 현장의 역동성이나 그 이면의 얽히고설킴은 10배 이상의 고차방정식이 아닐까 한다.

이렇게 격변하고 웅비하고 있는 인도지만 해결해야 할 과제도 그 긴 역사만큼 넓고 깊다.

인도는 14억 인구에 지난 10여 년 간 7% 전후의 고속성장을 지속해 왔고, 미국의 경제잡지 〈포브스(Forbes)〉에서 선정한 세계 500대 부자 중 중국 다음으로 많은 26명이 인도인이지만, 이들과 지근거리에서 8,000만 인구가 길거리에서 숙소문제를 해결해야 한다. 또 전 인구의 3%만이 세금(직접세)을 납부[3]하고 있는데, 전 인구의 2/3가 거주하고 있는 농촌지역 개발을 위한 재정수요는 끝이 없다. 직업, 교육 기회 등을 둘러싼 주요 카스트 간 갈등과 종교 분쟁은 현재진행형이다.

'굴렁쇠의 역설'이란 말이 있다. 작은 굴렁쇠는 처음 굴리기도 쉽지만 그만큼 빨리 멈추고, 큰 굴렁쇠는 처음이 굴리기가 힘들어 그렇지 일단 굴리기만 하면 자체 관성으로 몇 배 이상 굴러간다. 2000년대 초반 현지에서 보고 느낀 인도가 이렇게 큰 굴렁쇠를 굴리려 애쓰던 기간이었다면, 지금의 인도는 이미 대로에 접어들어 가속페달을 밟고 있는 큰 굴렁쇠가 아닐까 하

---

3) 현재 인도 농부는 세금 부과에서 면제되어 있음. OBC(Other Backward Caste : 전 인구의 50%로 공직 Quota 27%), SC(Scheduled Caste: 전 인구의 16.6%), ST(Scheduled Tribe : 전 인구의 8.4%)로 인도에서는 약 50% 공직이 이들 그룹에 Quota를 할당함.

인도의 주요 도시의 스카이 라인은 하루가 다르게 변하고 있다. 사진은 뉴델리 도심 빌딩 신축 공사 현장. 필자 직접 촬영.

는 생각이 든다.

소비에트나 중국의 일당제 상명하달 행정시스템은 인도에서는 원천적으로 불가능하다. 표준편차가 가장 심한 국가 중 하나가 중국이라 하지만 인도의 표준편차는 중국의 10배가 넘는 것 같다.

인도아대륙[4]에서 명멸했던 그 수많은 왕조, 1947년 독립 직전만 해도 600여 개에 달했던 소왕국과의 타협 및 협상을 기반으로 출발한 세계 최대의 인도 민주주의 시스템과 이에 연유하는 수많은 종족, 언어, 종교를 아우

4) 인도, 파키스탄, 방글라데시, 네팔, 부탄 등의 나라가 위치한 지역으로서, 인도아대륙(印度亞大陸, Indian subcontinent) 또는 인도반도(印度半島)로 불린다.

르는 관용 내지 조화 전통으로 인도는 뼛속부터 민주국가이다.

아마 한국식 시계에 비해 2~3배는 느린 듯한 현지 시차지만, 주변의 이해와 총의를 모아가고, 그 숙성기간이 긴만큼, 짓는 건물이나 사회, 국가 시스템도 단단하고 견고해 보인다.

인도 지식인들 상당수가 16세기 융성했던 무굴(Mugul)제국의 세계경제 비중이 지금의 미국보다도 훨씬 높은 1/4을 차지했었고, 거리에 거지 하나 없이 깨끗하고 안온했던 시절이었음을 자랑스럽게 이야기하곤 한다.

웅비하는 인도

미국과 중국을 G2라 한다. 현재의 인도는 명목 GDP 기준 G5, 실질구매력 기준 G3 수준이다. 필자는 우리 신남방 정책의 핵심국가인 인도가 머지않아 명실상부한 G3에 오르고 무굴제국의 영광을 재현할 날이 그리 멀지 않았음을 현장에서 체감하고 있고 이 대열에 동참할 기회가 주어짐에 감사한다.

헤럴드경제, 글로벌 Insights : 2019년 4월 8일

02

개성상인, 인도상인

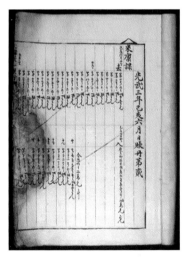

조선말의 상인들 사이에 전수된 고유의 부기 관행. 개성부기라고도 한다. 자료 : 한국학중앙연구원, 유남해.

우리나라에는 태평양, 신도리코, OCI 등 그 신의와 단단한 사업운영으로 유명한 개성상인 기업집단이 있다. 13세기 말 고려에서 조선으로의 왕조 교체과정에서 '폐족'을 피해 당시 엘리트 그룹이 상업 한길로 대를 이어 매진하면서 개성을 중심으로 중국과 일본과의 국제교역을 독점하고 근대 산업화 과정을 선도한 집단이다.

'송도사개치부법'이라는 독특한 복

식부기의 창안, 송방이라는 전국적인 상조 조직, 상업사용인 제도, 독특한 금융제도인 '시변제(時邊制)' 등 자체 상부조직과 문화, 신의와 신용으로도 유명하다.

세상 사람들은 보통 세계 3대 상인 집단으로 유대상인, 화상(華商), 그리고 인도상인을 꼽는다. 비록 많은 한국 기업인들이 단기적인 이익을 쫓아 거래선을 자주 바꾸고 거래사고도 많은 집단이라는 편견을 가지고 있지만 지역별, 집단별로 다르고 편차도 너무나 크다.

인도에도 한국의 개성상인 못지않은, 어찌 보면 개성상인보다도 더 뛰어난 상업그룹이 있다. 인구 6만으로 13억 인도경제를 선도하는 상인그룹, 바로 파란 눈과 서구적인 풍모의 '파르시(Parsi)'를 '인도의 개성상인 플러스'로 볼 수 있지 않을까.

파르시는 세계 최초의 일신교로 불을 숭상하고 바른 생각, 바른 행동을 생활신조로 조로아스터[5]를 신봉하는 집단이다. 이란 본토에서 이슬람화에 따른 종교적 박해를 피해 8~9세기 이웃 인도 해안가 구자라트(Gujarat) 지역으로 이동한 후 타고난 근면성과 정직, 동물적 감각으로 인도 산업화 과정을 선도한 이들은 인도 산업계의 대부로 불리고 있다. 한국의 대우자동차 상용차 부문을 인수해 우리에게도 친숙한 타타(Tata)가 대표적이다.

현재 뭄바이 및 구자라트를 기반으로 인도 경제를 이끄는 타타, 고드레지(Godrej), 와디아(Wadia) 등 3곳이 파르시 출신이다. 인도 핵폭탄의 아버지

---

5) 니체의 "짜라투스투라는 이렇게 말했다"의 짜라투스트라가 조로아스터를 의미.

호미 바바(Homi Bhabha), 세계적인 지휘자 주빈 메타 (Zubin Metha) 등도 그렇다. "파르시 전원이 박사다", "파르시가 하는 말은 팥으로 메주를 쏜다 해다 일단 믿어야 한다"는 말이 있을 정도로 인도인의 사랑과 신뢰를 받고 있는 집단이다.

인도에는 파르시 외에 인구 500만으로 인도 세금의 1/3을 기여하고 있는 상인집단이 또 있다. 윤회, 불살생(아힘사, Ahmimsa) 교리에

자인(Jain)은 자이나교 출신의 상인집단으로 인도 내 평판이나 기여면, 그리고 사업 파트너로서 신뢰를 받고 있는 대표적인 상인그룹이다. 인도 라지스탄 주에 있는 자이나교 사원. 필자 직접 촬영.

기반을 둔 3000년 역사의 자인(Jain)[6] 기업집단이다.

타고난 근면과 DNA에 천착된 사업 감각으로 자인은 인도 북서부 중견, 대기업의 1/3을 차지하고 있다고 한다. 인도 최대의 제약기업을 일군 Sun Pharma의 Dilip Sanghvi, 당대에 인도 10대 그룹으로 부상하며 전력, 항만 등

---

6) 인자이나교도. 자이나교는 기원전 6세기경에 계급적인 브라만교에 대한 반동으로 확산되었다. 평등을 주장하고 아힘사(비폭력)를 주장하는 면은 불교와 흡사하지만 불교의 중용에 비하여 극단적으로 금욕을 강조하는 종교다.

인도 인프라 개발을 선도하고 있는 Adani Group의 Gautam Adani, 인도 최초의 아웃소싱 IT를 개척했던 Patani 등이 자인 출신 기업가들이다.

주체할 수 없는 부를 일구고도 어느 순간 그 모든 것을 버리고 자인 몽크의 무소유 고행을 자처하는 수많은 전직 자인 기업가를 가까이에서 접할 수 있다.

현대 인도는 독립 이전 한국의 33배 땅에 산재된 600여 제후국을 통합해 출범했고, 그 긴 역사만큼 다양한 종교, 민족, 언어, 카스트가 얽히고설킨, 그러면서도 서로간의 조화와 공존을 이루어가고 있다.

인도는 그런 의미에서 한 나라가 아니며 우리 기업들도 인도와 거래에 있어 일반적인 통념과 도매금 사고에서 벗어날 필요가 있다. 우리 신남방정책의 핵심국가이자 미래 G2인 인도시장 접근에 있어, 인도 상인의 특성에 부합하는 소매급 접근을 강화할 때 한-인도 특별 전략적 동반자 관계가 더욱 앞당겨질 수 있다.

이데일리 : 2019년 4월 27일

3000년 DNA, 뼛속까지 상인

한국의 전통부자로 경주 최씨 가문이 유명하다. 부자 3대가 어렵다는 속설에도 10여대, 300여년 부를 유지한 그 전통과 여러 선행으로 회자되고 있다.

그런데, 만약 3,000여 년 동안 대를 이어 상인의 길을 걸어왔다면 아마도 그 DNA에 천착된 사업가 기질과 정신, 문화 경쟁력은 비할 데가 없을 것이다. 인도 현지에서 만나는 상인 대부분이 이와 같이 3,000여 년에 걸쳐 장사와 사업 한 우물을 파 온, 13억 인도 인구의 약 2%, 2,500만 내외로 추산되는 바니야(Baniya) 상인집단이다.

타타(Tata), 릴라이언스(Relainace), 비를라(Birla), 마힌드라(Mahindra), 아다니Adani) 등 현대 인도 10대 재벌 중 아홉이 이 전통적인 상인가문

자산 900억 달러의 인도 1위 부자 RIL의 Mukesh Ambani(왼쪽 맨위, 이하 시계방향으로), 200억 달러 이상을 기부한 인도 IT 대부 Azim Premji, 인도 1위 제약기업 Sun Pharma의 Dillip Shangvi, 세계 제일 철강기업 Arcelor Mittal의 Lakshmi Mittal. 이들은 모두 인도 10대 부자 중 하나다. 출처 : 각 회사 홈페이지.

출신이다. 이들 중 타타(조르아스교를 믿는 인구 6만의 페르시아계 파르시)를 제외한 대부분이 북서부 라자스탄(Rajasthan) 주에 기반을 둔 마르와리(Marwari)와 서부 구자라트(Gujarat) 주 출신의 구자라티(Gujarati)다. 전통산업은 물론 플립카트(Flipkart), 스냅딜(Snap Deal), 민트라(Myntra) 등 온라인 쇼핑몰의 창업주 모두 바니아 집단(마르와리 계열의 반살(Bansal) 가문) 출신이다.

고대와 중세에 걸쳐 인도아대륙에 산재한 봉건영주나 왕에 대한 대금업, 북서부 타르사막을 배경으로 한 중개무역, 근대의 동서양 중개무역, 19세 이후의 산업자본가 등 시대여건과 환경에 따라 그 형태나 영역은 변해 왔지만 이들의 사업과 장사 전통은 3,000여 년 동안 지속되고 있다.

상인 카스트, 바니야 집단은 '돈'에 생의 최고 가치를 부여한다. 돈을 불려가는 것을 신이 자신에게 부여한 사명을 실현해 가는 최고의 가치이자 과정으로 여긴다. 안온한 직장생활보다는 리스크를 즐기고, 남이 아닌 자신을 위해 일하는 것을 최고의 가치로 여긴다.

인도 3대 전자상거래 기업인 스냅딜의 창업자 로힛 반살(Rohit Bansal)이 세계적인 명문 인도공과대학(IIT:Indian Institute of Technology) 졸업 후 장래가 보장되는 미국 다국적 IT기업에 취직했을 때, 가족들이 적극적으로 말린 것이 스냅딜 신화로 이어졌다는 일화가 대표적이다.

Birla(Birla Group), Bajaj(Bajaj Motor), Mittal(Arcello Mittal Steel), Adani(Adani Group) 등 인도의 기업명 대부분이 자기 가문 이름을 기업명으로 삼는다.

최근 들어 많은 변화가 있지만, 아직도 인도 대부분 기업의 시스템은 가족경영에 기반을 두고 있다. 형제나 사촌들이 한 기업에서 역할 분담을 하고 새로운 사업기회가 생기면 분사를 하면서도 서로 간 연계를 지속시켜 전체 파이를 키워간다. 인도 현지에서 만나는 많은 기업인이 자신의 주력 분야나 제품이 아닌 듯한 분야에 대해 관심을 기울이거나 사업파트너 물색에 몰두하는 이유도 이와 같은 가족경영 구조에 기반을 두고 있다.

이들은 정규교육보다 사업, 장사 현장의 교육을 중시한다. 인도 제일의 부자 주인 구자라트의 고등교육 수준이 상대적으로 떨어진다는 평가도 이런 정규교육보다 밥상머리 교육, 현장 교육을 중시하는 상인집안 전통에 원인이 있다고 회자된다.

마르와리나 구자라티가 자신의 출신지역을 벗어나 인도 전역으로 확산되면서 정착시킨 장거리 출장자를 위한 무료숙식 제공, 씨족공동체의 사업 자금 대출, 자기 자녀를 가문 내 타 기업에서 교육시키는 교차 도제교육 등 끈끈한 연대와 상조 시스템의 뿌리는 아직까지 이어지고 있다.

인류역사에서 희소한 케이스라 할 이런 현상은 단순히 한 개인이나 가문의 노력이나 능력을 떠나 인도 사회가 3,000여 년 이상 유지해 온 카스트 시스템과 연결되어 있다. 끊임없이 바뀌는 지배계급, 이민족의 침입, 신분제 아래에서 자신과 가족의 안전과 번영을 담보할 수 있는 가장 확실한 방법은 자기 가족과 가문간의 유대와 상조시스템뿐이라는 교훈을 오랜 기간 뼛속 깊이 체험한 것이라고 볼 수 있다.

유대상인, 객가(客家) 등 세계적인 상인그룹에게서도 이와 비슷한 문화, 전통과 시스템을 볼 수 있다. 이렇게 보면, 세계적인 상인 집단의 형성과 번영은 한 개인을 넘은 역사적 배경과 사회적 노력, 집단적 접근의 결과가 아닐까.

이데일리 : 2019년 5월 19일

타르사막의 유대상인, 인도 마르와리

인도 북서부에 세계 9번째 크기의 아열대 사막인 타르(Thar) 사막을 뒷마당으로 끼고 일본과 비슷한 33만㎢의 면적에 약 7,000만 명이 거주하는 라자스탄(Rajasthan) 주가 있다. '왕(Raja)의 땅(Sthan)'이라는 뜻이다.

수도 델리(Delhi), 타지마할의 아그라(Agra)와 함께 북부 황금삼각지대(Golden Triangle)의 서쪽 꼭짓점인 주도 자이푸르(Jaipur)를 필두로 조드푸르(Jodpur), 우다이푸르(Udaipur), 자이살메르(Jaisalmer)의 이국적인 힌두(Hindu) 문화로 한국 관광객이 가장 많이 찾는 지역이다.

그러나 이 라자스탄 지역이 세계 3대 상인이라 불리는 인도상인의 본류이자 핵심인 마르와리(Marwari, 또는 Marwadi) 상인의 발원지임을 아는 이는 많지 않다.

마르와리(Marwari)의 본거지 라자스탄(Rajastan) 주 Junjunu의 마르와리 고택. 필자 직접 촬영.

마르와리는 넓게는 라자스탄 출신, 좁게는 라자스탄 제2 도시인 조드푸르 인근의 마르와(Marwa) 지역 출신 상인을 말한다. 타르 사막의 한가운데 자리하고 있어 1년 강우량이 200㎜ 전후의 모든 것이 부족하기만 한 척박하고 황량한 땅이다.

현재 800만 명 정도로 추산되는 마르와리 상인은 인도 100대 부자 중 1/3 이상을 차지할 정도로 구자라티(Gujarati)와 함께 현재 인도 경제, 산업계를 주도하는 인도상인의 본류이자 핵심이다.

〈Forbes India 2018〉에 따르면 인도 100대 부자 중 마르와리가 34명, 구자라티가 19명이고, 인도 10대 부자 기준으로는 구자라티가 5명, 마르와리가 2명이다.

세계 최대 철강회사인 Arcelor Mittal, 인도 대표 재벌 Birla 그룹을 필두로 영국 제1의 부자인 Hinduja, Bajaj 등이 대표적인 마르와리계 기업이다. Aggarwal(또는 Aggrawal), Oswal, Mittal, Bansal, Gupta, Jindal 등을 성으로 하는, 우리 수출기업이 인도 또는 해외에서 접하는 상당수가 이들 마르와리 상인이다.

금융, 유통, 제조 등 전통산업뿐 아니라 플립카트(Flipkart), 스냅딜(Snap Deal), 민트라(Myntra) 등 인도 전자상거래 시장도 마르와리 계열의 반살(Bansal) 가문이 지배하고 있다.

구자라티가 경제수도인 뭄바이(Mumbai)와 구자라트(Gujarat), 마하라슈트라(Maharashtra) 등 인도 서부지역과 해외에 집중 분포된 반면, 마르와리는 라자스탄은 물론 뭄바이, 콜카타(Kolkata), 첸나이(Chennai), 델리(Delhi) 등 인도 전역에서 지배적인 영향력을 행사하고 있다.

마르와리는 상인 바니야(Baniya) 카스트로 이 척박한 라자스탄 사막지역에 산재한 봉건영주나 왕(Rajas)에 대한 대금업이나 상업, 그리고 중세 및 근대에 걸쳐 동서양의 물산을 연결하던 실크로드 대상 교역에 종사해 왔다.

모든 것이 부족하고 열악한 환경이라 아끼고 아껴야 했고, 일단 들어가면 안 나오는 것으로 유명하다. 검약으로 유명한 구라자티도 마르와리에는 몇 수 접는다고 한다.

"몸과 마음이 불타는 젊은 마르와리 청춘남녀가 있었다. 둘은 어느 날

아버지와 함께 사는 처녀 집에서 몰래 만나기로 하고 아버지가 잠든 시간에 맞추어 동전 하나를 창밖으로 던지는 것을 신호로 정했다. 동전을 던지고도 한 시간이나 늦게 나타난 남자를 질책하니 동전 찾느라 늦었다는 말에, 그 동전에 끈을 달아 놓고 던진 것도 모르는 바보라 질책했다"는 일화는 돈에 천착하는 마르와리를 설명하는 예이다. 이들은 복리의 무서움과 위력을 아는 집단이다.

또 뭉치고 힘을 합쳐야 했다. 사막이 가져다 준 인내와 끈기, 모험과 리스크를 즐기고 시장과 숫자에 대한 후각과 감각을 현장교육과 네트워크를 통해 후대에 전수했다. 집단 내 신뢰를 제도화하고 시스템화하는 파르타(Parta) 회계시스템, 신용을 기반으로 한 일종의 환어음으로 현금 이동 없이 대금결제 및 대출을 가능케 한 훈디(Hundi) 제도를 보편화시켰다.

먼저 기반을 잡은 마르와리가 주요 교역로에 무료 숙식과 정보교류의 장인 '바사(Vasa)'를 운영하고, 일족에게 공동체 사업자금을 지원하거나 도제로 삼아 세력을 키워갔다. 이렇게 빌린 돈은 평생을 통해서라도 갚아야 했고, 신의를 지키지 못하면 공동체에서 제명되는 전통을 키워왔다. 남아 있는 가족을 일족에게 위탁하고 후손을 일족기업에 위탁 교육하는 과정을 통해 가족경영(대가족 개념보다는 더 넓은 공동가족제도 개념)의 전통을 지켜왔다.

이렇게 응축된 에너지와 문화를 배경으로 16세기 무굴(Mugul) 제국과 18세기 대영제국, 1947년 인도의 독립과 1991년 인도경제의 개방화 조치 등 정세 격변기에 일류 정보력과 적응력으로 근거지인 라자스탄을 넘어 콜

자이푸르에서 모임을 갖고 있는 현대의 마르와리들. 이들은 근거지인 라자스탄을 넘어 콜카타, 델리, 뭄바이, 첸나이 등 인도 전역은 물론 영국, 중동, 아프리카 등 전 세계에 걸쳐 마르와리 공동체를 건설했다. 필자 직접 촬영.

카타, 델리, 뭄바이, 첸나이 등 인도 전역은 물론 영국, 중동, 아프리카 등 전 세계에 걸쳐 마르와리 공동체를 건설한 것이다.

유대인의 경우와 같이 인도 내 마르와리 상인을 부정적으로 보는 시각도 일부 존재한다. 전통적으로 이들이 종사했던 대금, 금융업의 고리대 관행과 1947년 인도 독립 후의 산업관리제(Industry Raj : 인도 정부 관료집단이 주요 산업의 진퇴 및 생산량을 결정하던 사회주의적 시스템) 하에서 대정부 로비를 통한 사업 확장 등이 이유다.

그러나 1991년 인도경제 개방화 이후 지난 수백 년 간 돈과 비즈니스에

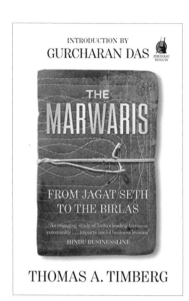

미국의 Thomas Timeberg저 〈Marwaris〉 표지. 1970년대 미 하버드대학교 재학 때부터 인도 마르와리에 천착. 1990년대 집필한 책을 2014년 개정한 개정판 표지.

대해 어느 누구보다 경험과 지식이 많고 시장을 아는 마르와리에 대한 인식과 기대도 급격히 바뀌고 있다. 마르와리는 현재 고기가 물을 만난 격으로 인도경제의 개방화, 국제화를 선도하고 있다. 현재도 그렇고 향후 G3 인도의 핵심 상인 그룹이자 미래 한국기업의 파트너가 될 대상이다.

암다바드 무역관이 소재하고 있는 라자스탄 남부의 구자라트 지역도 일년에 비 오는 날이 며칠에 불과한 열대 준사막 지역이다. 척박하고 메마른 환경이 오히려 축복으로 연결되는 연마장이 될 수도 있음을 마르와리의 예에서 볼 수 있지 않을까.

상인 사관학교, 구자라트

인도 내 6번째로 개설된 코트라 암다바드 무역관이 소재한 구자라트 주는 다이아몬드 모양의 인도아대륙 내 서북부 해안 지역에 위치한 면적 21만㎢, 인구 약 6,000만의 인도 제일의 부자 주다.

지도에서 보듯 구자라트 주 위치와 모양은 왜 구자라트가 역사적으로, 그리고 현재에도 인도의 상업과 경제의 중심지 역할을 하는지를 설명해 준다. 공룡 티라노사우르스 머리뼈와 같은 형상으로 공룡 코부터 목까지 들쑥날쑥 이어지는 1,700㎞[7]의 해안선을 뒤쪽의 후두부가 감싸고 있는 모양이다. 수에즈 운하가 개통되기 이전, 길고 긴 아프리카 동남해안을 따라 올

---

7) 인도 전체 해안선 길이는 7,000㎞로 구자라트가 1/4 차지.

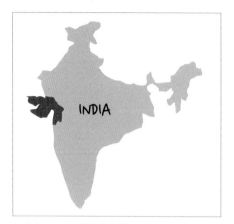
구자라트 주. 수에즈 운하가 개통되기 이전, 길고 긴 아프리카 동남해안을 따라 올라온 서양 교역선이 해풍에 의지해 가장 먼저 닻을 내린 곳이 구자라트 주 해안선이었다.

라온 서양 교역선이 해풍에 의지해 가장 먼저 닻을 내린 곳이 구자라트 주 해안선과 파키스탄 남부 카라치 항구였다.

구자라트는 고대에서 지금에 이르기까지 인도아대륙의 향신료, 직물 등 수많은 물산과 재화가 인근 페르시아, 중동, 아프리카, 유럽으로 연결되는 핵심통로 역할을 해 왔고, 구자라트에 뿌리를 둔 타타(Tata), 릴라이언스(Reliance), 아다니(Adani) 등 인도의 핵심, 주요 기업은 지금도 이곳에서 사업 역량을 강화시키고 있다.

마르와리와 함께 인도 2대 상인집단으로 꼽히는 구자라티(Gujarati) 상인에 대해 필자가 현지에서 보고, 듣고, 느낀 특징은 다음과 같다.

우선 쓰지 않는다. 이점에서는 구자라트 북쪽 척박한 라자스탄(Rajasthan) 사막을 배경으로 성장한 마르와리에는 미치지는 못하다는 것이 속설이지만, 구자라티도 마르와리 못지않게 '일단 돈이 제 주머니에 들어가면 안 나오는 것'과 '확신이 서면 몰빵할 정도의 공격적인 투자'로 유명하다.

필자는 2019년 5월 초 구자라트 남부상공회의소(SGCCI)[8] 회장을 비롯

---

8) SGCCI : Southern Gujarat Chamber of Commerce & Industry(구자라트 제 2도시 Surat 소재)

한 유력 바이어 5명과 함께 한국섬유기계구매단을 지원하기 위해 방한한 바 있다. 이때 이 상의 회장 일행 모두 호텔방을 같이 쓰고 비용 분담하자는 제안에 몸 둘 바를 몰랐던 기억이 있다. 이들은 우리나라로 치면 대전 상공회의소 회장단쯤 되는 큰 부자들로 급여 생활자인 필자와는 비교할 수 없는 부자다.

게다가 자신들은 수많은 외국 출장 시 일행끼리 호텔방을 같이 쓰고 여행용 가방의 반 정도는 인도 음식이라고 이야기해 한 번 더 놀랐다. 결국은 필자도 방을 같이 쓰면서 이들의 사고와 생활양식을 배우고 한 가족 같

검약과 실용이 뼈와 피에 각인되어 있는 구자라티. 수랏에 있는 구자라트 남부상공회의소에서 기업인들이 이야기를 나누고 있다. 필자 직접 촬영.

이 된 감사의 시간이었지만 이와 같이 구자라티들은 검약이, 그리고 실용이 뼈와 피에 각인되어 있다.

두 번째는 권위의식이 없고, 실용이 몸에 배어 있으며 허례가 없다는 점이다. 자신에게 이익이 될 것 같고, 거래에 도움이 되겠다 싶으면 처음부터 'Sir'라는 명칭을 거리낌 없이 쓴다. 그래서 필자도 팔자에 없는 'Sir' 소리를 수없이 들었다.

이곳 암다바드에 소재한 고급 호텔에 드나드는 현지 부인네들 옷차림은 일부 2세대, 3세대를 예외로 한다면 일상복 그대로다. 이들은 자신의 부를 외부로 드러내는 법이 거의 없다. 그래서 외모나 복장으로 그 사람의 부자 여부를 가리는 것은 매우 어렵다. '인도 주식시장 거래 유통자금의 70%가 구자라티[9]'라고 자랑스럽게 이야기하는 현지인도 많이 만난다.

세 번째는 기본적으로 사업가 DNA가 대를 이어 각인되어 있다는 점. 암다바드로 부임할 당시 주택알선 과정에서 그 끈질김과 철저함으로 깊은 인상을 남겼던 부동산 중개회사의 사회초년병 Mr. Ankit은 8개월이 지난 지금 자신의 가문전통에 따라 배달전문 인도 식당을 차려 공휴일도 없이 하루 5시간만 자는 신들린 사업가로 변신 중이다.

무역관 초기 개설과정에서 필자에게 많은 도움을 주었던 현지인 직원

---

9) 현 구자라트 주는 1960년 독립주가 됨. 이전 현 Mumbai를 주도로 하는 Maharashtra 주 및 현 구자라트가 Bombay 주에 같이 소속되어 있었으며, 현 Mumbai 근거, 주거 주요 기업인도 같은 뿌리를 두고 있는 구자라티라는 인식으로 이해.

은 아프리카 콩고에 재외인도인(NRI, Non Resident Indian)[10]으로 정착해 인도산 생활용품 수입판매점을 확장하고 있는 처남으로부터 사업 합류 제안을 받았는데, 당시 암다바드 무역관에서 그의 역할이 컸기 때문에 그의 퇴사를 만류하느라 고심한 기억이 있다.

네 번째는 기본적으로 보부상 DNA가 각인되어 있다는 점이다. 현재 전 세계에 퍼져있는 3,100만에 달하는 재외인도인 중 현지 장사 및 사업계통 종사자의 주요 구성이 구자라티와 펀자비(Punjabi)[11]다.

현재 미국에만 450만 명 정도로 추산되는 NRI 중 해외여행이나 거주 중 들르게 되는 지역 모텔 또는 호텔 주인 열에 여덟이 구라자트 지주계급 출신의 파텔(Patel)[12] 가문이라는 이야기도 많이 듣는다.

이런 검약과 실용, 리스크를 즐기고 현장에 순응하는 전통과 DNA가 '장사나 사업을 배우려면 구자라트로 오라', '구자라트 주가 인도상인사관학교'라는 말이 생겨난 이유다.

이데일리 : 2019년 5월 25일

---

10) NRI : Non Resident Indian : 미국 446만, UAE 310만, 말레이시아 299만, 사우디 281만, 미얀마 201만, 영국 183만, 남아공화국 156만, 캐나다 101만 등 4,100만 (Dec. 2018, 인도외무성)
11) Punjabi : 인도 북서부 펀잡(Punjab) 주를 배경으로 한 시크교도
12) Patel : 현 구자라트 인구의 12.5%를 차지하는 지주계급 출신으로 인도 근대화 과정에서 상인, 사업가, 정치가, 해외이주 사업가 및 전문 직종 종사자로 성공적으로 변신한 집단

Mr. Shah, 구자라트 자인(Jain)의 일상

· · · · · · · · · · · · · ·

#1. 니티쉬 샤(Mr. Nitish Shah)의 삶은 일상과 종교의 경계가 모호할 만큼 단순하다. 인도 구자라트 주 경제 수도 암다바드에 뿌리를 둔 자이나(Jaina)교도 중견 기업인이자 치즈, 버터 등을 생산하는 낙농기업 창업자로 50대 중반이다.

그의 하루는 아침 5시 반 기상 후 1시간 여 동안 거실에 모셔놓은 자이나교 성인 마하비르(Mahavir) 상에 대한 기도와 명상으로 시작된다. 전업주부인 부인이 차려준 아침 식단은 자이나교의 '아힘사(Ahimsa, 불살생)' 교리에 따라 양파, 마늘, 당근, 감자, 고구마 등 일체의 뿌리식물을 제외한 극단의 채식으로만 꾸려진다.

공장과 사무실을 오가는 바쁜 일정 속에 술, 담배, 골프와는 담을 쌓았고

해가 진 이후의 식사는 없다. 낙농공학(Dairy Engineering) 전공 직후, 집안 전통에 따라 20대 중반에 자신의 처형과 창업해 현재 처조카 A. Shah와 함께 10여 년을 함께 가족회사로 운영 중이다.

숱한 난고가 있었으나 파니르(Paneer, 인도산 치즈), 버터, 우유 등 낙농 제품을 호텔 학교 등 기관 공급에 특화시켜 연매출 한화 300억 원대 기업으로 키웠다. 최근 들어 유럽이나 미국산 치즈에 비해 1/5의 가격경쟁력으로 한국 등 해외시장 OEM 기업 물색에 더 마음을 쓰고 있다. 그러나 자이나 교도가 늘 그렇듯 모든 것은 신이 인도하는, 사전에 연결된 연의 결과로 생각하고 연연하지 않는다.

그의 부인은 그가 현재 Jain Monk(자이나교 수도사)의 길을 걷고 있지

암다바드 시내 Jain Dairy 매장. 필자 직접 촬영.

JITO USA 행사 사진. JITO(Jain International Trade Organization)는 세계 자인(Jain)교 기업인 조직체이다. 사진 출처 : JITO USA 홈페이지.

만 이전 라자스탄 주 대사업가였던 막내삼촌의 길을 되풀이 하지 않을까 노심초사하고 있다.

#2. 사티쉬 샤(Mr. Satish Shah)는 구자라트 주 3대 건축기업인 쉬발리크(Shivalik Group)의 창업주다. 현재 70대 중반으로 대대로 자인 바니야(Jain Baniya) 출신이다.

1989년 인도경제 개방화 이후 대금업의 집안 전통에 따라 구자라트 주를 기반으로 주식, 채권 원격 거래를 통해 '구자라트의 워렌 버핏(Warren Buffet)'이란 별호로 불렸으나 2000년대 초반에 건축기업으로 전환했다. 투자 감각의 둔화도 있었지만 인도 및 구자라트 주의 부동산 및 인프라 개발

전망에 대한 '샤' 집안이 물려준, 그리고 길러준 사업 감각의 결과다.

2001년 구자라트 대지진 이후 등장한 모디(Modi) 주정부의 인프라 개발 정책과 다른 주의 2배에 달하는 구자라트의 경제 성장세는 사티쉬의 기업 경영에 날개를 달아 주었다.

2000년대 초반만 해도 밭과 늪 일색이었던 암다바드시 서쪽은 13년 모디 주정부 기간 동안 '상전벽해' 했다. 시 서쪽 외곽 남북을 가로지르는 고속도로(S-G Highway) 신설을 계기로 이제는 인도 30대 재벌기업으로 성장한 토렌트(Torrent), 자이더스(Zydus), 인타스(Intas), 니르마(Nirma) 등 제약, 생활용품, 전기전자 기업이 그 연도를 채워갔고, 사티쉬의 쉬발리크가 건축한 오피스, 아파트는 완판을 거듭해 갔다.

옛날의 모디 주정부, 그리고 모디가 연방총리가 된 후 본격화된 구자라트 주 및 인도경제 성장세에 따라 구자라트 주 출신 재외인도인(NRI : Non Resident Indian)의 대 구자라트 부동산 투자도 러시를 이뤘다.

쉬발리크가 억점 개발한 암다바드 시내 서쪽 요지인 저지 벙갈로(Judge Bungalow)의 일반 주택지 땅값은 10여 년 전 1Bigha(인도 측정단위로 1/4 Acre : 300평) 당 우리 돈 1억~2억 원에서 지금은 50억~100억 원을 쥐도 사기 어려운 지역으로 변했다. 시 외곽 신설 순환고속도로 쪽으로의 투자 러시는 적어도 향후 십여 년은 지속될 것으로 보인다.

이상은 인도의 4대 상인집단으로 불리는 구자라트 자인 바니야의 대표적인 삶이다.

자인 바니야는 불교보다 100여 년 전인 2,600여 년 전 창시된 자이나교 출신의 상인그룹을 말한다. 주로 라자스탄, 구자라트, 뭄바이, 뉴델리 등 인도 서부 및 북서부 지역에 분포되어 있다.

인도 상인은 지역 기준으로 구자라티(Gujarati, 구자라트 주), 마르와리(Marwari, 라자스탄 주), 펀자비(Punjabi, 펀잡주), 체티아르(Chettiar, 인도 남부)로 불리며, 종교에 따라 힌디 바니야(Hindi Baniya, 힌두교), 자인 바니야(Jain Baniya, 자이나교) 등으로 구분된다. 따라서 마르와리 자인(Marwari Jain, 라자스탄 출신 자인)도 있고, 구자라티 자인(Gujarati Jain, 구자라트 주 출신 자인)도 있다. 자인(Jain), 사라바이(Sarabhai), 도쉬(Doshi) 등이 대표적인 자인 가문으로, 특히 성이 자인이면 예외 없이 자인 가문이라 볼 수 있다. 교리가 금하는 불살생 원칙에 천착, 3,000년 이상 살충과 연결되는 농업, 군대 등을 피해 주로 상업이나 학문, 예술 쪽에만 특화된 집단이다.

당대에 인도 10대 재벌로 부상한 가우탐 아다니(Gautam Adani), 인도에서 IT 아웃소싱(Outsourcing)을 처음 정립한 파트니(Patny), 세계 및 인도 제일의 영자신문 〈타임즈 오브 인디아(Times Of India)〉의 창업자 사후 자인(Sahu Jain) 등이 대표적인 자인 바니야다.

자인 바니야는 어려서부터 사업과 일상에 있어 정직, 비폭력, 금욕 등을 신조로 교육받는다. 단순한 삶, 일에 대한 열정, 그리고 몸에 밴 검약, 대를 이어 내려온 상인 정신 등이 이들이 인도에서 가장 부유한 상인집단이 된 이유다.

이들은 600만 명의 인구로 14억 인도 세금의 1/3 이상을 기여하고 있으며 파르시(Parsi)와 함께 인도 내는 물론 외국기업의 파트너로서 가장 신뢰받는 인도의 경제 집단이다.

이중 자인(Jain)은 자이나교 출신의 상인집단으로 인도 내 평판이나 기여면, 그리고 사업 파트너로서 신뢰를 받고 있는 대표적인 상인그룹이다. 특히 위에서 예를 든 '샤(Shah)'는 인도 바니야 집단 중에서도 아주 특별한 지위를 가지고 있는 자인 바니야라 할 수 있다.

물론 모든 Shah가 자이나교도는 아니다. 그러나 현재 인도 내 약 30만 명으로 추산되는 Shah는 인도 내, 특히 서부 구자라트, 뭄바이, 라자스탄 지역에 집중 분포돼 있는 자이니즘(Jainism)을 기반으로 한 대표적인 상인 그룹이다.

2019년 5월 총선에서 BJP(Bharatiya Janata Party, 인도 인민당)의 모디(Modi) 총리 압승 전략을 입안하고 실행시킨 최고 전략가로 평가되는 전 BJP 총재이자 현 인도 내무부장관인 아밋 샤(Amit Shah)처럼 상인 이외의 길을 걷는 Shah도 일부 있다. 그러나 치밀한 전략과 밑바닥 민심을 훑으며 실행시킨, 한때 상인이었던 아밋 샤의 선거 전략과 관리도 이러한 Shah의 상인 전통에 기반을 두고 있다는 평가가 많다. 이데일리 : 2019년 7월 13일

불의 상인, 타타(Tata)의 뿌리, 인도 파르시

8세기 이란에서 인도로 이주 정착한 조르아스터교(배화교) 소수민족

#1. 피루스 참바타(Mr. Pirus Chambhatta). 인도 최대 경제단체인 CII(Confederation Of Indian Industry) 서부지부 회장이자 인도 최대의 청량음료 기업 라스나(Rasna)의 회장인 2세 기업인이다. 하얀 피부, 큰 덩치, 푸른 눈을 가진 마음씨 좋은 독일 아저씨 같다. 주정부 장관 등 윗사람에게도 격의가 없지만 회사 직원이나 허드렛일을 하는 사람에게도 마찬가지다. 현재 암다바드에만 1,638명으로 집계되고 있는 파르시(Parsi) 집단의 구심점 역할도 하고 있다.

#2. 라탄 타타(Mr. Ratan Tata). 인도 최대 기업집단 타타 그룹(Tata

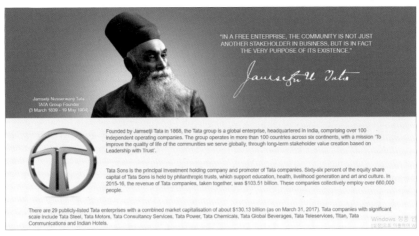

"IN A FREE ENTERPRISE, THE COMMUNITY IS NOT JUST ANOTHER STAKEHOLDER IN BUSINESS, BUT IS IN FACT THE VERY PURPOSE OF ITS EXISTENCE."

Jamsetji Tata

Jamsetji Nusserwanji Tata
TATA Group Founder
(3 March 1839 - 19 May 1904)

Founded by Jamsetji Tata in 1868, the Tata group is a global enterprise, headquartered in India, comprising over 100 independent operating companies. The group operates in more than 100 countries across six continents, with a mission 'To improve the quality of life of the communities we serve globally, through long-term stakeholder value creation based on Leadership with Trust'.

Tata Sons is the principal investment holding company and promoter of Tata companies. Sixty-six percent of the equity share capital of Tata Sons is held by philanthropic trusts, which support education, health, livelihood generation and art and culture. In 2015-16, the revenue of Tata companies, taken together, was $103.51 billion. These companies collectively employ over 660,000 people.

There are 29 publicly-listed Tata enterprises with a combined market capitalisation of about $130.13 billion (as on March 31, 2017). Tata companies with significant scale include Tata Steel, Tata Motors, Tata Consultancy Services, Tata Power, Tata Chemicals, Tata Global Beverages, Tata Teleservices, Titan, Tata Communications and Indian Hotels.

파르시의 종교, 민족적 특성과 인도아대륙의 포용성, 다원성 문화를 인도 땅에 꽃 피운 것이 인도 국민이 가장 사랑하는 기업 '타타'이다. 사진은 타타 그룹 홈페이지 메인 화면에 소개된 타타 그룹 설립자 잠셋지 타타(Jamsetji Tata). 출처 : 타타 그룹 홈페이지.

Group)의 전임 회장이다. 인도의 대외개방 직후인 1990년부터 2017년까지 100여개가 넘는 타타 계열사의 국제화와 리스트럭처링(Restructuring)을 선도, 연매출 1,000억 달러대의 글로벌 기업으로 정착시킨 주역이다.

독신으로 한때 사무실과 뭄바이 시내 30평대 아파트 간 소형차를 자가운전하는 것으로 소문이 나 있었고, 지금도 인도에서 가장 활발하고 정력적인 자선사업가로 알려져 있다.

인도 국민기업 신용의 타타그룹(Tata Group) 배출

주변인, 주류가 아닌 소수민족의 삶은 일반적으로 고단하다. 인구수나 정치적인 힘이 부쳐 항상 주류나 권력의 눈치를 보아야 하고, 언제 다가올지 모르는 위험에 대비해 늘 긴장해 있어야 한다. 그래서 그들은 항상 깨어 있고 준비되어 있어야 한다. 또 집단 내 응집력을 높여야 한다.

이러한 주변인, 소수민족이 인도아대륙이란 토양 위에 뿌려져, 영국의 인도 지배, 인도 독립, 인도경제의 개방 등 격변기에 발아된 집단이 인도 파르시라 할 수 있다.

최고 번성기 인구가 약 12만 명, 현재는 약 6만 명의 소수민족으로 인도 경제수도 뭄바이의 개발, 성장기 주역이며 지금도 대부분의 파르시가 뭄바이에 산다. 타타(Tata), 고드레지(Godrej) 등 10대 기업은 물론 세계적인 지휘자 주빈 메타(Zubin Mehta), 인도 원자력의 아버지 호미 바바(Homi Bhabba) 등 수많은 명사를 배출해 왔다.

좋은 생각, 좋은 말, 좋은 행동을 신조로 인도 내에서 가장 신뢰받고 사랑받는 집단이다. 조장(시체 처리를 조류에게 맡기는 장례법) 전통을 고수하고 있다.

교통범칙금을 굳이 내려고 하는 파르시와 '신뢰의 파르시'이니까 내지 않아도 된다는 교통경찰관의 애정 어린 양보의 일화는 인도 내 파르시에 대한 평가를 대변한다.

인도아대륙과 페르시아(이란)는 역사, 지리적으로 밀접한 관계를 가지고 있다. 16세기 이후 300여 년 간 인도를 지배한 무굴제국의 공식 언어도 페르시아에 기원을 둔 우르드어였고, 세계 7대 불가사의 타지마할(Taj Mahal)도 페르시아 건축양식을 기본 모티브로 한 건축물이다.

이 파르시의 종교, 민족적 특성과 인도아대륙의 포용성, 다원성 문화를 인도 땅에 꽃 피운 것이 인도 국민이 가장 사랑하는 기업 '타타'이다.

타타 그룹(Tata Group)은 1868년 파르시 출신의 잠셋지 타타(Jamsetji Tata)가 인도아대륙의 새로운 지배세력이 된 영국과 인도의 연결고리를 한다는 취지의 섬유 무역업으로 시작했다. 이후 철강, 항공, 자동차 등 인도의 중후장대 산업을 선도했고 이후 호

타타 그룹 CI.

텔, IT Consulting, 전기, 유통, 서비스 등 전 분야에 걸쳐 인도 산업계를 이끌고 있다.

인도 국민에게 가장 사랑받는 기업으로서 우선 '타타가 하면 다르다'는 인식을 심어 주었고, 그룹 지분의 2/3가 타타 선즈(Tata Sons)로 대변되는 지주회사 겸 자선재단 소유로 학교, 병원, 연구소 등 타타의 이익은 나나 내 주변의 이익으로 환원된다는 믿음을 역사적으로 보여주었다.

현재 1,400억 달러 시장가치로 인도 최대의 소프트웨어 개발기업인 TCS(Tata Consulting Service)를 포함 타타 그룹 계열사는 100여 개에 달한다. 인도 국민이 가장 들어가고 싶은 기업, 이직률이 가장 낮은 기업으로 각종 사회봉사로 개별기업이 'Private Government'란 별명을 받을 정도로 인도 국민들의 사랑을 받고 있다.

파르시 출신 인도기업은 인도 10대 그룹이자 소비재 분야 강자인 고드레지(Godrej) 그룹, 인도 제4 민항이자 브라이타니아(Braitania) 과자 브랜드로 유명한 와디아(Wadia) 그룹 등이 있다.

유대인을 넘어선 세계 초일류 소수민족 집단

인도 파르시는 현재 그리고 역사적으로 인구수 대비 경제력, 집단 전체의 교육수준, 현지 평가 면에서 세계에서 가장 성공한 초일류 소수민족이라 할 수 있다.

국내외 현장에서, 인도 기업인이라고 하는데 서양 기업인 느낌이 들거나 외양이 서양인 같다면 혹시 파르시가 아닌가 한 번 물어보고, 맞다면 "내가 아는 파르시는 정직과 신뢰의 상인이고 해서 나도 이점을 당신에게 기대한다"고 재차 말해보라. 파르시를 알아주는 데 대한 호의가 겹쳐 상담이 좀 더 호의적으로 진행될 것이다.

이데일리 : 2019년 8월 19일

존경하는 Mr. Patel 에게

⋮

#1. Mr. Sarabhai Patel(인도 초대 부총리)!

인도 독립 및 통합과정에서 파텔(Patel), 당신이 없었다면 현재의 인도 아대륙 통합 국가 인도는 없을 것이다. 무슬림까지 포괄한 통합 인도 건설에 천착한 인도 독립의 아버지 마하트마 간디(Mahatma Gandhi), 브라만적 문화가 몸에 밴 인도 초대수상 자와할랄 네루(Jawaharlal Nehru)를 간혹 욕하거나 폄하하는 인도인은 봤어도 초대 부총리 파텔, 당신에 대해 부정적인 언급을 하는 것은 들은 적이 없다.

당신은 2차 대전 종료 후 인도아대륙에 산재해 자체 독립, 인도, 파키스탄 귀속의 3가지 방안에 대한 법적 선택권을 가지고 있던 560여 군주국(Princely States)의 그 복잡하고 다양한 정치, 경제적 상충관계를 '아이

언맨(Iron Man)'이란 별명대로 어르고, 협박하고, 정교하게 구축한 보상 시스템을 통해, 카슈미르와 파키스탄을 제외한 나머지 모두를 통합 인도로 귀속시켰다.

이웃 파키스탄과의 관계가 어그러질수록, 카슈미르 유혈사태가 심화될수록 당신에 대한 인도인들의 향수는 깊어만 간다. 2019년 초 세계 최고 높이(180m)의 당신 동상을 구자라트 주 남부 나르마다(Narmada) 강 어귀에 완공시킬 정도로 당신에 대한 인도인들의 흠모는 현재 진행형이다. 구자라트 6,000만 인구의 1/4에 달하는 파텔 일족의 정신적 지주다.

암다바드시 파텔(Patel)박물관 내 파텔 동상. 필자 직접 촬영.

#2. Mr. Ramanbhai Patel(Cadilla Zydus Pharmacy 창업자)!

3개월 전 인도 5대 제약기업인 자이더스 제약(Zydus Pharmacy)의 부속 병원(Zydus Hospital)을 찾았을 때 입구 안내 카운터 사진을 통해서 강렬했던 당신을 접한 바 있다. 암다바드 무역관 현지 직원의 강력한 추천이 있었지만, 처음에는 반신반의했다. 그러나 50년대 자이더스 제약을 창업했고, 2000년대 초반 작고한 당신

Mr. Ramanbhai Patel.
출처 : Zydus Hospital 홈페이지.

은 아직도 그 병원 구석 구석에 살아 있었다. 2시간 여 당신 병원의 서비스를 접하고 이 정도 애정과 철학이 있고, 시스템이 있는 병원을 인도 수도 뉴델리나 태국의 방콕, 미국의 뉴욕에서 접해 본 적이 있는가를 자문한 바 있다.

구자라트 전력 공급의 85%를 차지하는 자이더스 전력(Zydus Power)이라는, 당신의 철학이 체현된 또 다른 인프라 기업을 통해 1인당 평균소득 2,000 달러 인도에서 30,000달러 한국에 버금가는 전력 서비스와 실시간 온라인(On Line) 요금지불과 피드백을 받았던 기억을 가지고 있다.

'Potel(Patel + Hotel)'과 인교(印僑)의 뿌리

#3. Mr. Ray Patel(Holiday Inn Express, Ramada & Daysinn 소유주)!
당신과 당신 파텔 일족이 미국 호텔사업에서 보여준 모험심과 협동심, 친족간의 유대는 'Potel (Patel + Hotel) Model' 이라는 신조어로 전세계 유

Mr. Ray Patel.
출처 : Paragon Hotel
Company 홈페이지.

수 대학에서 MBA 케이스 스터디(Case Study)로 강의되고 있다. 미국 전체 호텔의 1/4인 22,000여 호텔 및 모텔이 구자라티(Gujarati)에 의해 소유되고 있고, 이중 3/4이 미국 내 인구 15만 명에 불과한 당신 파텔 일족에 의해 지배되고 있다.

조상이 물려준 유목민(Caravan) 이동 본능을 좇아 1950년대, 그리고 1970년대 이민 1세대 파텔이 서양식이 아닌 인도식 계산법과 리스크 관점에서 호텔업에 뛰어 들었다. 이후 인도 내 일족의 이민 초청을 통한 가족식 경영과 근검을 통해 호텔, 프랜차이즈, 의료, IT 등 전문직 분야에 집중 진출, 인도인을 미국 내 가장 소득이 높은 소수민족으로 자리잡게 한 바 있다. 4,100만 '인교(印僑)'로, 바닷물 닿는 곳에는 어디에나 있다는 화교(華僑)를 넘어 현재 전세계 해외 동포 중 가장 많은 연간 800억 달러를 매년 본국에 송금하는 그 뿌리가 당신 파텔 일족이 아닌가.

인도, 특히 서부 구자라트(Gujarat) 및 경제수도 뭄바이(Mumbai) 지역 방문 상담 시, 그리고 미국의 호텔, 모텔 투숙 시 파텔(Patel)이란 이름을 많이 접하게 된다.

6,000만 구자라트 주 인구의 약 25%가 파텔 및 방계 일족으로 알려져 있고, 이들은 구자라트 주(및 인근 뭄바이)의 경제, 정치, 문화 중심집단이다.

파텔은 인도 카스트 제도 내 농민, 이중에서도 마을 이장, 또는 중견 지주출신 집단으로 구자라트 주에 집중 분포되어 있다. 지주로서 어느 정도 경제적 기반을 가지고 있었고, 교육열도 높아 인도 독립 및 산업화 과정에서 어느 집단, 카스트보다 잘 적응하고 급속히 발전한 커뮤니티다.

전사 및 왕족 위주의 크샤트리아(구자라트 주의 Thakor가 대표적)가 독립 및 산업화 과정에서 자기관리를 못해 내놓았던 그 많은 토지를 대부분 인수한 집단이 파텔 일족이다. 모험심이 있고, 일족간 단결이 끈끈해 미국, 영국, 중동, 아프리카 등 전세계 4,100만에 달하는 인도 해외교포의 중심 집단역할을 하고 있다.

'Potel Model'로 알려진 미국 파텔 일족의 이주 초기 정착기와 다큐멘터리를 보면, 당신 일족이 우리 민족 못지 않게 부지런하고 교육과 가족 및 일족에 극진하며, 거기에 더해 모험심까지 구비한 것을 느낄 수 있다. 인도식 작명법으로 Sarabhai Patel, Ramanbhai Patel처럼, 이름 뒤 접미사로 존경, 존중을 의미하는 'Bhai'를 자칭, 타칭 추가한다.

파텔, 존경심까지는 몰라도, 존중받을 만한 일족이다.

이데일리 : 2019년 9월 1일

세계 다이아몬드 산업의 메카, 수랏

09

드 비어스 신화 : Diamond is Forever(다이아몬드는 영원하다)

다이아몬드는 길게는 35억 년 전 짧게는 1억 년 전 지하 150km 이상의 맨틀 구간에서 수백만 년의 고온, 고압 압축과정을 통해 형성돼 일부만이 마그마 형태로 지표로 분출된 지구상에서 가장 강도가 센 광물이다. '정복할 수 없는(The unconquerable)'이란 의미의 그리스어 'Adamans'가 어원으로 알려져 있다. 이러한 영구성, 희소성, 대체 불가성 등을 배경으로 오랜 역사 속에서 사랑, 애정, 권력을 상징하는 최고 정점의 보석으로 자리 잡았다.

단 1캐럿의 다이아몬드 원석 채굴을 위해 약 256톤의 광물 채굴이 요구된다. 통상 Carat(0.2g/크기), Cut, Clarity, Color로 대표되는 4C로 가격이 책정되며 WFDB(World Federation of Diamond Bourses), IDMA(Int'l

Diamond Manufacturer's Association), WDC(World Diamond Council) 등
국제평가기관의 기준도 엄격하다. 이들을 기반으로 매우 강력하고 촘촘한
국제 협력 및 유통시스템을 구비하고 있어 결코 가치가 떨어지지 않는다.

다이아몬드 산업은 탐사−채굴−분류−가공−광택−판매별 밸류 체인에
따른 순환시스템으로 이뤄져 있다. 20세기 중반 이후 레이저, 디지털, 인공
다이아몬드 기술 등 기술적으로도 비약적인 발전을 거듭해 왔다.

남아프리카공화국의 대규모 다이아몬드 광산 발굴 직후 1888년 창립된
유대계 드 비어스(De Beers) 가문이 1970년대까지 원석채굴, 판매 등 전 과
정에 있어 독점적인 지위와 막강한 시장지배력을 보유했다. 이후 드 비어
스가 기반을 둔 보츠와나 등 아프리카 대륙 이외에 호주, 러시아, 캐나다
등지에도 대규모 다이아몬드 광산이 개발됐다. 그러나 전 세계 다이아몬드
원석의 약 2/3를 차지하는 아프리카 국가와의 협력, 오랜 기간 축적된 유
통 네트워크와 마케팅 전략 노하우 등으로 드 비어스 가문의 영향력은 여
전히 절대적이다.

DTC(Diamond Trade Company) 등을 통해 판매 네트워크 및 마케팅에
서 독보적(약 50%) 지위를 유지하고 있는 드 비어스를 필두로 러시아 국영
기업 알로사(Alrosa : 원석생산의 약 20%), 캐나다의 립 틴토(Rip Tinto),
호주의 BHP(Broken Hill Proprietory) 등이 메이저 기업이다.

인도 다이아몬드 산업 역사 및 동향

18세기까지 인도는 세계 다이아몬드의 유일한 공급지로 국제적 명성과

산업, 인력 기반을 가지고 있었다. 역사상 최초의 다이아몬드 산지는 인도 북동부 아루나찰 프라데시(Arunachal Pradesh) 주의 골콘다(Golconda) 광산으로 1870년대 남아프리카공화국에서 대규모 다이아몬드 산지가 발견되기 전까지 인도는 세계 다이아몬드의 유일한 공급지였고 인도식 도제 교육인 구루쿨 시스템(Gurukul system)을 통해 다이아몬드 장인 기반을 보유하고 있었다.

대영제국 왕관 주석으로 사용된 198캐럿의 'Koh-i-Noor'(빛의 산이라는 뜻)과 페르시아의 〈천일야화〉에도 묘사된 70캐럿의 'Idol's Eye'가 인도 골콘다 산으로 알려져 있다. 1701년 인도 중부 크리슈나(Krishna) 강에서 발견되어 현재 프랑스 루브르 박물관에 보관되어 있는 410캐럿의 'Regent', 노란색과 방패모양의 영롱한 투명체로 유명한 55캐럿의 'The Sancy', 소유

세계 다이아몬드 산업의 수도, 수랏(Surat).

자에게 불행을 가져다주는 것으로 유명해진 'The Hope Diamond' 등이 인도에 기원을 둔 다이아몬드다.

그러나 1880년대 남아공의 대형 다이아몬드 광산 개발을 계기로 주산지가 아프리카로 옮겨지고, 벨기에, 이스라엘 등이 보석 가공의 허브로 떠오르면서 인도는 잊혀 갔다.

세계 다이아몬드 가공 수도 : 구자라트 주 수랏(Surat)

필자는 1998년 해외 첫 근무지인 뉴델리에 부임한 이후, 최근 20년 만에 다시 인도 땅을 밟았다. 인도아대륙 서쪽에 위치하며 현 인도경제의 부흥을 선도하고 있는 구자라트 주다.

2020년 1월 17일 구자라트 주 암다바드 무역관 개소식을 마치고 2월 초 구자라트 제2의 경제수도 수랏(Surat)을 찾았다. 수랏은 인도 섬유 및 다이아몬드 산업의 메카 지역이다.

통상 다이아몬드하면 앞서 설명했듯 가공의 벨기에(안티워프), 유대계 드 비어스 가문, 세계 최대의 다이아몬드 산지로 잘못 인식하고 있는 남아프리카공화국, 맨해튼 5번가로 상징되는 세계 최대 다이아몬드 소비국 미국을 떠올린다. 하지만 세계 다이아몬드 가공의 90%가 인도, 그것도 서쪽 구석의 수랏이라는 곳에 집중돼 있다는 것을 아는 이는 드물다.

수랏의 시작은 미약했다. 2차 세계대전 후 다이아몬드 소비 위축으로 무게로 거래되는 저(低)다이아몬드 원석 재고가 쌓임에 따라 드 비어스 등이 저가 다이아몬드 커팅 및 광택 공정을 저임금과 기술 기반을 가지고 있는 인도에 부탁하기 시작했다.

이에 따라 SRK(Shree Ram Krishna Export)의 Govindbhai Dholakia 등 다이아몬드 장인 전통을 가진 집안 사람들이 당시 인도 서부 경제중심지 수랏에 하나 둘 모여들기 시작했다. 보석 가공사 등 다이아몬드 사업의 뿌리부터 시작해 축적된 기술에 장인정신, 정직성, 몸에 내재된 상인 DNA가 접목돼 발전된 결과가 현재의 수랏 다이아몬드 산업이다.

기대 이상의 성과가 지속되자 인도향 주문물량이 증가했고, SRK 이외에도 도전적인 인도 기업들이 수랏으로 하나둘 모여들기 시작했다. 수랏은 남쪽으로 300여 km 떨어진 뭄바이라는 확실한 판매거점 근처에 위치했기 때문에 중 · 대규모 원석 구입, 가공, 판매의 자체 이력이 금방 쌓였다. 2000년대 이후 벨기에, 이스라엘 등 콧대 높은 다이아몬드 선도국을 넘어 세계 다이아몬드 가공, 광택 수도로 자리 잡게 되었다.

현재 인구 500만의 수랏 시내에만 SRK와 같은 대기업을 포함한 10만 개 이상의 기업과 70만 명 이상의 인력이 연 250억 달러 내외의 다이아몬드 가공품을 수출하고 있다.

필자가 방문해 본 다이아몬드 수출기업 SRK(Shree Ram Krishna Export)는 연 수출 약 15억 달러, 종업원 약 6,000명 규모의 인도의 대표적인 다이아몬드 수출기업이다. 원석 수입, 최적 경제성 확보를 위한 커팅 설계, Cutting, Polishing 및 판매 등 수직적인 체계를 갖추고 있다.

취급 품목도 그램 단위로 판매되는 소량 다이아몬드 가공부터 한 개에 수백만 달러 하는 10캐럿 이상의 다이아몬드까지 위탁 가공이 아니라 자체 구

수랏(Surat)에 소재한 인도 다이아몬드 선도기업 SRK의 다이아몬드 가공 모습. 필자 직접 촬영.

매, 가공 후 판매까지의 일괄시스템을 구비하고 있었다.

근속 직원 수천 명에게 자동차, 집 등을 선물해 화제가 되고 있는 HK Export의 Savji Dholakia 등 SRK 창업자와 같은 Dholakia 가문이 대표적이다. 인도 다이아몬드 산업이 Patel을 포함한 몇 개 가문에 의해 주도되고 있다고 회자되는 이유다.

그러나 아직도 대다수 다이아몬드 가공 기업은 그램 단위의 벌크성 저캐럿 다이아몬드 가공 및 광택 위탁과정에 머물러 있는 경우가 많아 기업별, 분야별 편차가 크고 해결 과제가 산적해 있다.

인도 정부는 60년대부터 인도 다이아몬드 산업 지원정책의 산실 역할을 한 Gem and Jewelry Export Promotion Council(GJEPC)을 창설했으며,

인도 다이아몬드 산업을 주도하는 Dholakia 가문(SRK 본관). 필자 직접 촬영.

현 모디 정부도 Make In India 정책의 핵심으로 다이아몬드 산업을 전략적으로 지원하고 있다.

인상(印商), 구자라티(Gujarati), 마르와리(Marwari)

세계 3대 상인의 하나로 인도상인(인상, 印商)을 꼽는다. 인도상인 중에서도 서부 구자라트 주를 기반으로 하는 구자라티(Gujarati), 그리고 북서부 타르사막을 기반으로 하는 마르와리(Marwari)가 대표적이다. 인도 카스트 시스템 하에서 수천 년간 상인 DNA를 대물림한 지역공동체로 이들 두 그룹이 현 인도 10대 기업 그룹 중 8곳을 차지하고 있다.

수랏 다이아몬드 협회(Surat Diamond Association)를 통해 소개받은 SRK(Shree Ram Krishna Export) 공장 견학을 마치면서 20년 사이 인도

의 변화를 실감했다. 현재의 인도를 이야기할 때 지금까지 마음속에 정리하고 이야기해 온 사실이 허구라는 자책감이 들었다. 어설프게 교만하게 알고 주위에 전하려 했던 인도는 인도라는 이 큰 땅의 북쪽 구석 델리 주변, 그것도 20여 년 전의 이야기였음을 체감하고 나온 시간이었다.

이번에 예방한 수랏 다이아몬드 협회 회장단을 포함한 10여 명과 상견례를 가졌다. 영어가 상용화된 인도에서 회장단 중 많은 분이 영어를 못해 회장단 한분이 통역을 해 주셨다. 암다바드나 수랏 등 필자가 접해본 구자라트 주 대다수 사람들은 실용적이고 검소하다. 보통 수천 억 원 대의 재산을 가진 재력가라면 사치를 부릴 만도 한데, 이곳의 현지기업 1~2세대나 뿌리 깊은 상인 가문 사람들은 전혀 그렇지 않다. 특급 호텔에 드나드는 이곳의 아저씨나 아줌마도 옷차림만 봐서는 누가 운전기사이고 가정부인지 구분이 안 간다. 실용에 뿌리를 둔 인도 상인집단의 오랜 뿌리와 전통은 개인이 아니라 집단, 교육과 문화의 결과임을 실감하고 있다.　KDI 나라경제 : 2019년 3월호

북인도의 터줏대감, 펀자비(Punjabi) 상인

인도 수도 뉴델리 북서쪽, 현재의 인도와 파키스탄에 걸쳐 30만㎢에 달하는 편잡(Greater Punjab) 지방이 있다. 'Punj(5) + Aab(강)'이라는 합성어가 말해 주듯 인더스(Indus)강 등 히말라야에서 발원한 5개의 큰 강의 젖과 꿀이 흐르는 땅이자 인더스 문명의 발상지이기도 하다.

북쪽으로 해발 8,000m대의 히말라야 병풍이 둘러쳐졌고 동서 양단의 광활한 밀림과 타르(Tar) 사막, 7,000㎞에 달하는 인도양을 품고 있는 다이아몬드 모양의 인도아대륙의 요새와 같은 지형구조는 동양 및 서양문화와 대별되는 인도 문명의 모태였다.

기원전부터 인도아대륙에 발을 담갔던 페르시아, 알렉산더, 아랍, 터키, 아프가니스탄, 몽골, 무굴 등 서쪽 외세가 반드시 거쳐 간 곳이 '아프간→카슈미르 협곡→델리' 침입로의 한 가운데 위치한 편잡 평원이다. 전쟁과 격변이 일상화된 지역으로 힌두와 무슬림 교리를 혼합한 시크(Sikh)교가 이 지역에서 발원한 것도 이런 배경이 있다.

인도 군 장교의 절반이 편잡 출신이고, 미국 등 해외거주 인도인 중 펀자비(Punjabi)가 대부분 주유소, 운전기사 등 이동에 관계된 업종에 종사하고 있는 것도 이러한 편잡의 전쟁과 이주 역사를 반영한다.

"편잡에 가뭄이 들면 인도아대륙이 굶어죽는다"는 속담이 있는데, 우리나라 절반 면적에 2,700만 명이 살고 있는 편잡 한 주가 14억 인구, 28개 주

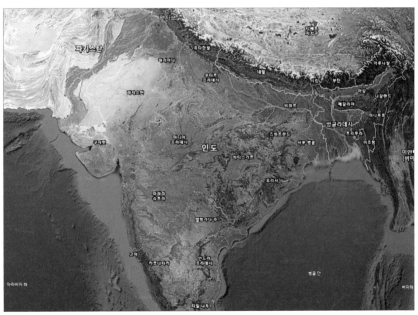

인도 북부의 편잡은 전쟁과 격변이 일상화된 지역으로 힌두와 무슬림 교리를 혼합한 시크(Sikh)교가 발달했다. 이곳에 뿌리를 둔 인도 상인계급을 펀자비(Punjabi) 상인이라고 한다. 사진은 구글어스로 하늘에서 본 편잡주.

인도의 대표적인 관광지인 타지마할(Taj Mahal). 수도 뉴델리에서 동남쪽 240 Km에 위치한 아그라 소재. 필자 직접촬영.

인도 전체 밀 생산의 20%를 책임지고 있다.

이 펀잡 지역에 뿌리를 둔 인도 상인계급을 펀자비(Punjabi) 상인이라고 한다. 시크교 펀자비(Sikh Punjabi)와 1947년 독립 당시 파키스탄에서 인도로 이주한 이주민을 포함한 힌두 펀자비(Hindu Punjabi)가 양대 축이다.

이 펀자비 상인은 타고난 근면과 환경 적응력을 기반으로 현재의 펀잡 주(Punjab State)를 포함해 수도 뉴델리를 둘러싼 북부 수도권(NCR: Northern Capital Region) 지역의 터줏대감으로 성장했고, 현재 인도 전체 GDP의 1/4을 담당하고 있다.

시크 상인을 포함해 우리 기업이 북인도 지역에서 파트너로 마주하는 대부분의 상인이 덩치 큰 아리안 계통의 펀자비 상인그룹이다.

굽타(Gupta), 싱(Singh), 싱할(Singhal), 타얄(Tayal) 등이 대표적인 펀자비계 상인 가문으로 우리나라의 쌍용자동차를 인수한 마힌드라(Mahindra) 그룹이 이 펀자비 상인의 대표주자다. 인도 30대 그룹의 대부분을 차지하고 있는 마르와리(Marwari) 및 구자라티(Gujarati)의 기업 운영 규모나 명성에는 못 미치지만 수적으로 많고 대부분 중견, 중소기업을 운영한다.

사막과 바다라는 척박한 환경에 근검과 절약, 상부상조 전통 및 수천 년을 이어 내려온 상인 DNA가 더해져 세계적인 마르와리, 구자라티 상인을 잉태했다면, 전장과 격변의 고장 펀잡은 끈기와 근면, 기동성과 뛰어난 적응력을 특징으로 하는 펀자비 상인을 태동시켰다.

인도 서부와 남부 상인, 기업들도 이 펀자비 상인, 기업과의 상거래 및 계약에 있어 특별한 관심과 주의를 기울이는 것으로 알려져 있다.

뭄바이(Mumbai), 구자라트(Gujarat) 등 인도 서쪽이 상인과 상업의 지역이라면, 북부는 행정과 관리 지역으로 펀자비가 상권을 지배하고 있다. 이런 면에서 현재의 인도는 한 나라가 아니다. 서쪽, 남쪽이 다르고, 북쪽은 특별하다.

이데일리 : 2019년 11월 24일

남인도의 장보고, 체티아르(Chettiar) 상인

남부 인도 사람들의 자존심, 특히 북인도에 대한 경쟁심은 대단하다.

2019년 5월 총선 때 집권 인도 국민당(BJP:Bharatiya Janata Party)의 모디(Modi) 태풍이 북서부는 물론 인도 중·남부를 휩쓸 때도 첸나이를 주도로 하는 남부 타밀나두(Tamil Nadu) 주는 BJP에 한 석도 내주지 않는 전통을 지켜냈다.

현재의 인도, 파키스탄 및 아프가니스탄 지역 대부분을 지배했던 마우리아 및 무굴 제국 등 북부의 수많은 정복 시도에 맞서 고유의 언어와 문화를 지켜냈고, 그 정신과 전통은 현재도 온존해 있다. 코앞 스리랑카(Sri Lanka)와의 역사적, 인종적, 언어적 연대도 뿌리 깊어 스리랑카 내전과의 연계도 깊은 지역이다.

남부 인도의 자존심과 자부심을 대표하는 상인계급이 체티아르(Chettiar) 상인이다. 사진은 구글어스로 내려다본 인도 남부의 항구도시 첸나이.

1900년대 초 서부의 봄베이(Bombay, 현 뭄바이) 개발 전, 인도의 3대 항구는 남부의 마드라스(Madras, 현 첸나이), 북서부의 수랏(Surat), 그리고 동부의 캘커타(Calcutta, 현 콜카타)였다.

이 가운데 남부 마드라스는 유럽, 아프리카, 중동 및 동남아시아를 잇는 최적, 최단 입지로 촐라(Chola) 왕조 등 동남아시아를 지배했던 남인도 왕조 힘의 근거지이기도 했다. 현재도 현대자동차를 비롯한 다국적 기업 공장이 밀집해 있는 등 남인도 및 첸나이의 물류입지 경쟁력은 여전하다.

이 남부 인도의 자존심과 자부심을 대표하는 상인계급이 체티아르(Chettiar) 상인이다. 인도의 고대 언어 샨스크리트어[13]로 부(富)를 뜻하는

---

13) 힌두어, 우르두 등 인도 현대언어의 기원이 된 인도-아리안계 언어로 인도 주요 경전을 수록한 언어로, 사용 민족의 이동경로를 반영. 지금도 독일 및 인도 남부지방 일부에서 사용되고 있다고 함.

'Shresthy'로부터 유래했다고 한다.

이들은 현재 12만 명 정도로 추산되는 엘리트 금융, 무역 특화 상인 그룹으로 17세기 이후 마드라스를 중심으로 중국과 중동, 유럽 중개무역을 장악하고 막대한 부를 축적했다. 통일신라시대, 동북아 중개무역을 장악했던 장보고와 청해진의 남인도 버전이라 볼 수 있다.

특히 19세기 후반기에는 버마(쌀) 싱가포르(금융), 말레이시아(고무 및 주석) 경제를 지배해 마르와리를 넘어 인도 최고의 상인그룹으로 부상하기도 하였다.

Trainee, Collector, Assistant, Partner, Proprietor로 해석되는 5단계, 20여 년의 철저한 금융 도제교육 전통과 일족간의 *끈끈한* 유대, 상부 전통도 마르와리 등 인도 대표 상인그룹에 뒤지지 않는다.

여러 자선사업으로 2007년 인도 기념우표에 등장했던 Dr. RM. Alagappa Chettiar는 대표적인 체티아르다.

그러나 1930년대 대공황 여파와 2차 세계대전 시 일제의 동남아 강점으로 미얀마, 말레이시아, 싱가포르 등지의 한반도 면적을 넘는 플랜테이션 농장을 뒤로하고 철수한 이후 체티아르 일족의 상세(商勢)는 급속히 기울었다. 현재도 많은 후손이 전문직 등으로 진출하고 있어, 원로들이 체티아르 비즈니스 전통 복원을 위해 각고의 노력을 하고 있다.

30여 자회사와 50억 달러 매출, 창립 후 순익의 1% 사회기부 전통으로 유명한 120년 전통의 남인도 최대기업 무루가파 그룹(Murugappa Group) 등 남부 인도에서 체티아르의 영향력은 여전하다.

독립 이전 이 그룹의 성장을 주도했고, 여러 자선사업으로 2007년 인도 기념우표에 등장했던 Dr. RM. Alagappa Chettiar 및 독립 인도 초대 재무 장관을 지낸 R. K. Shanmukham Chetty가 대표적 인물이다.

첸나이에서 남쪽으로 400㎞ 쯤 떨어진 곳에 체티나드(Chettinad)라는 지역이 있다. 이곳에는 세계 각국의 호화 건축재와 보석으로 장식된 10,000 여 채가 넘는 방갈로(개인주택) 단지가 있는데, 이는 이들 체티아르 상인의 영화와 번성, 그리고 현재의 과제를 대변하고 있다.

현지에서 겪는 인도는 한 개의 나라가 아니다. 주요 언어별로만 보아도 30여개 나라(29개 주), 아니면 적어도 북, 서, 동, 남인도의 4개 권역으로 나누어 접근하고 진출 전략도 차별화해야 한다.

인도 북부와 서부에 마르와리, 구자라티, 자인이 있다면 인도 남부와 동남아에는 체티아르 상인이 있다.

이데일리 : 2019년 9월 29일

사막과 바다로 단련된 세계 3대 상인집단

풍요와 빈곤의 역설(逆說), 인도상인

"인도 상인집단의 역사에서 눈에 띄는 점은 인상(印商)을 대표하는 마르와리(Marwari) 및 구자라티(Gujarati) 모두 결핍과 고난의 땅, 사막을 근원으로 하고 있다는 점이다. 반면 황하와 함께 세계에서 가장 기름진 곡창지대로 전 인도아대륙을 먹여 살렸던 갠지즈 및 인더스 강 평야지대에는 변변한 상인집단이 없다."

얼마 전 필자의 사무실을 찾아 온 인도 기업인이 전해준 말로, 맞장구를 친 석이 있다.

사막의 상인 마르와리(Marwari)

인도의 첫 번째 대표상인으로 마르와리를 든다. 인도 북서부 라자스탄 주의 마르와(Marwa) 지역에 기반을 두었고, 일반적으로 라자스탄 상인을 일컫는다.

이곳 라자스탄은 평균 강수량이 200mm 미만의 아열대 기후이고 국경 넘어 파키스탄까지 이어지는 세계 9위 규모의 타르사막이 절반 이상을 차지한다. 모든 것이 부족하고 특히 생명의 근원, 물이 부족하다.

자력으로는 먹고사는 것이 어렵고, 카스트 신분상의 상인(Baniya) 전통에 따라 한 번 떠나면 몇 달에서 몇 년이 걸리는 사막 대상(隊商)무역과 영주를 상대로 한 금융업에 종사했다. 척박한 환경과 대상의 여정에 수반되는 수많은 위험은 일족과 종족간의 피와 같은 유대, 연대 DNA를 쌓아갔다. 대상을 떠난 남자의 남은 처자를 일가와 일족이 서로 돌보아야 했다.

주요 이동 경로에 먼저 정착, 성공한 선대가 일종의 무료 게스트 하우스인 'Vasa'를 제공, 이곳에서 일족 대상들과 상품, 지역, 기타 상정보와 노하우를 교환하고 토론하는 '현장 Harvard Business School'을 운영했다. 교역 거점에서 먼저 성공한 마르와리는 새로 이주한 동족이나 젊은이들을 금전적으로 지원하고 도제 시스템으로 교육시켰다. 배신자나 빚을 지고 도망하는 자는 집단의 힘으로 철저히 응징해, 남은 가족을 위해서라도 평생을 통해 갚아야 했다.

대금으로 현금을 운반하는 번거로움과 위험을 우회할 수단으로 일종의 신용어음인 '훈디(Hundi)'를 고안, 통용시켰다. 일단 주머니에 들어가면 나

비행기를 통해 본 인도 북서부 라자스탄 타르(Iar) 사막. 대표적인 인도상인인 마르와리는 이 척박한 결핍과 고난의 땅을 근원으로 하고 있다. 필자 직접 촬영.

오는 법이 없었다. 근검에서는 자린고비였지만 기회라 싶으면 풀베팅 하기를 좋아했다. 현대판 선물시장에 앞서 작황과 날씨, 상품별 선물시장을 일찍부터 개화시켜 왔다.

19세기 중엽의 대기근과 고향의 정치적 무질서, 인도아대륙의 새로운 지배자 영국이 제공하는 새로운 사업기회를 찾아 이들은 고향을 떠나 동부 콜카타로, 서부 뭄바이로, 또 남부로 이동하기 시작했고, 축적된 경쟁력과 집단 내 유대를 통해 인도 전역을 지배해 갔다.

세계 제1의 철강기업 Arecello Mittal, 영국 제1 부자집단 Hinduja 그룹, 인도 중화학공업의 대표 Birla 그룹 등 전통산업은 물론, Flipkart, Snapdeal, Myntra 등 인도 전자상거래 및 ITeS 산업을 지배하고 있다.

바다의 상인 구자라티(Gujarati)

인도 상인집단의 대표 2대축인 구자라티도 비슷하다. 구자라트(Gujarat) 출신 상인이라는 뜻이다. 라자스탄 남쪽 인접주로 꾸불꾸불 1,700 Km에 달히는 해안선을 통해 중동, 아프리카와의 해상무역 그리고 내륙의 쿠치(Kuchi) 사막 대상교역에 종사해 왔다.

수천 킬로미터에 달하는 바닷길 교역의 모험과 위험, 그리고 성공에 따른 보상은 사막보다 더했다. 일족 간 유대와 해상교역 문화와 돈 감각을 키워왔다. 경제 수도 암다바드는 인도의 상업과 장사의 현장 아카데미로 통한다. 구자라티 중 주식거래 계좌를 가지고 있지 않은 사람이 없다고 하고, 인도 주식자금의 70% 정도가 구자라티에서 비롯된다고 한다. 중서부 수랏

(Surat)을 중심으로 세계 다이아몬드의 90%를 이곳에서 가공, 수출한다.

현재 인도 10대 기업집단 중 아시아 최대 부자인 Mukesh Ambani의 Reliance Group, 자인교도로 당대에 인도 10대 재벌로 성장한 Adani의 Adani Group 등 5곳이 구라자티다.

이주, 모험정신이 해외 이주로 이어져, 4,100만에 달하는 해외거주 인도인(NRI :Non Resident Indian) 중 미국, 영국, 캐나다 내 인도이주민의 핵심집단이 구자라티다. 미주 한인 평균소득의 약 2배로 미국 내 가장 고소득 이주민이다. 미국 내 호텔, 모텔 산업의 30%를 파텔(Patel)가를 중심으로 한 구자라티가 지배하고 있다.

6만 소수민족, 세계 초일류 상인집단 Parsi

파르시(Parsi)는 니체의 "짜라투스트라는 이렇게 말했다"의 조로아스터(Zoroaster)의 배화교 가르침을 믿는 인도 내 초일류 소수민족 집단이다. 17세기 영국에서 미국으로 이주한 청교도와 비슷해, 8~10세기에 걸쳐 이슬람화 된 이란 땅의 박해를 피해 인도 서부 구자라트 해안가에 정착한 이주민족이다.

주류가 아닌 소수민족의 삶은 고단하다. 약자로 항상 주류나 권력의 동향에 선을 대 놓아야 했고, 언제 다가올지 모를 위험에 대비가 돼 있어야 했다. 항상 깨어 있고 준비되어 있어야 했고, 집단 내 응집력을 높여야 했다. 주변, 환경과의 공존, 기여는 교리는 물론 생존과도 직결된 문제였다.

최고 번성기에 12만, 현재는 약 6만 명의 소수민족으로 주로 구자라트에

구자라트의 젖줄인 암다바드의 니르마다 운하(Nirmada Canal). 구자라티 상인들은 라자스탄 남쪽 인접 주로 꾸불꾸불 1,700 Km에 달하는 해안선을 기반으로 중동, 아프리카와의 해상무역 그리고 내륙의 쿠치(Kuchi) 사막 대상교역에 종사해 왔다. 필자 직접 촬영.

기반을 두며 인도 경제수도 뭄바이의 개발·성장기 주역으로 참여, 현재 대부분의 파르시는 뭄바이에 거주한다.

인도 산업근대화의 선도 집단으로 인도 1위 기업집단 타타(Tata)와 고드레지(Godrej), 와디아(Wadia)가 파르시계 기업집단이다. 연 15억 개로 세계 최대의 코로나 백신 생산능력을 갖춘 SII(Serum Institute of India)도 이 파르시계다.

"팥으로 메주를 쓴다고 해도 믿을 신뢰집단"으로 사랑받고 있고, 한 집 건너 박사라고 할 정도로 교육 수준도 높아, 세계적인 지휘자 주빈 메타(Zubin Mehta), 인도 원자력의 아버지 호미 바바(Homi Bhabba) 등 수많은 명사를 배출해 왔다. 유대인을 넘어, 세계에서 가장 성공한 초일류 소수 민족 집단으로 불린다.

고난과 유랑의 유대상인, 중국의 客家

많은 사람들이 "바빌론 유수와 유대민족을 세계로 흩은 디아스포라는 세계 경제를 지배하는 유대상인 집단을 만든 자양분이자 신의 축복이었다"는 의견을 제시한다. 세계 경제사는 물론 현재의 세계 금융, IT, 영화, 귀금속 산업과 학술, 과학분야에서 유대인을 제외한 논의는 무의미하다.

객가(客家)는 쑨원, 등소평 등은 물론 싱가포르의 리콴유, 태국의 탁신 등을 배출해 해외 화상(華商) 중의 화상으로 통하는 중국계 상인집단이다. 중국 내 한족 출신 8대 민계 중 하나로 대륙 내 수많은 전란과 기아를 피해 이동을 반복한 유민집단으로 해외 3,000만 화상의 본류다. 이주 후 근검절약과 저축, 교육에 목숨을 걸었다. 일단 자리를 잡게 되면 형제부터 친지까지 하나둘씩 불러 왔다. 혈연 및 지연과 동업조합 성격의 공동 운영, 분배시스템과 문화를 정착시키고, 경제·정치적 영향력을 키워갔다. 필리핀, 태국, 인도네시아 등 동남아는 물론 미국, 서구에 자리 잡은 화교 집단의 성장 경로이자 경쟁력의 원천이다.

2020 환난이 2021 축복으로

마치 우주에서 지구를 보면서 쓴 것 같다는 토인비의 '역사의 연구'는 인류사 대문명, 위대한 문명의 발원지는 풍요가 아닌 척박한 땅이었다고 한다.

세계 4대 상인집단이라 불리는 유대상인, 화상, 그리고 인도의 대표 인상(印商)들의 발전사와 현재는 구분이 안 가는 공통점이 차고 넘친다. 환경의 척박과 고난, 역경, 그리고 이의 극복을 위한 개인을 넘은 집단문화와 시스템, 그리고 공동체 교육이다.

바이러스 창궐로 2020년은 개인을 넘어 사회, 국가, 그리고 온 인류가 성찰하고 되돌아보아야 하는 고난과 역경의 한 해였다. 21년 새해 신축년(辛丑年), 인도, 유대, 중국 상인의 환난과 축복 사례가 우리에게도 적용되는 감사의 한해가 되기를 기원한다.

한겨레 인사이트 : 2021년 1월 1일

'일족양명(一族揚名)', 인도기업 작명법

안동김씨 운송, 풍양조씨 패션 : 인도에 일반화된 일족·가족명의 기업명화

로스차일드(Rothschild), 월마트(Walmart), 듀폰(Dupont) 등 서구에서도 자기 가문 이름을 기업명으로 하는 사례는 많다. 인도 기업문화 특징 중 하나는 자기가문 명을 기업명으로 삼는 예가 유독 많다는 점이다.

Tata, Birla, Mital, Godrej, Adani, Bajaj, Mahindra, Jindal, Oberoi, Kotak. 인도 대표 대기업 중 자기 출신가문, 일족명을 기업명으로 사용하는 대표적 사례다. 우리나라로 치면 안동김씨 운송, 풍양조씨 패션, 안동권씨 출판 식이다.

타타 그룹(Tata Group)은 9세기 전후 이란에서 인도로 넘어 정착한 조로아스터교 일족인 파르시(Parsi) 출신의 잠셋지 타타(Jamsetji Tata)가 1868

Birla(Birla Group), Bajaj(Bajaj Motor), Mittal(Arcello Mittal Steel), Adani(Adani Group) 등 인도의 기업명 대부분이 자기 가문 이름을 기업명으로 삼는다.

년 창업해 현재 철강, 자동차, IT, 생활용품 등 전 분야에 걸쳐 100여개가 넘은 계열사를 거느리고 있는 인도 최대 재벌이다.

비를라 그룹(Birla Group)은 인도 북서부 사막지역의 라자스탄 출신의 인도 제1 상인집단 마르와리(Marwari) 가문 출신의 비를라(S. N. Birla)가 1857년 창업한 이래, 현재 섬유의류, 금속, 시멘트, 통신분야 40여 기업군으로 연매출 500억 달러에 달하는 인도 최고 기업군이다.

아다니 그룹(Adani Group)은 항구, 부동산, 인프라, 신재생 에너지 분야의 인도 선도 기업군으로 창업자 가우탐 아다니(Gautam Adani)는 인도 2대 상인집단으로 인도 북서부 해안가의 상인도시 구자라트를 배경으로 한 구자라티(Gujarati)다.

M&A를 통해 세계 최대의 철강기업군을 이룬 아르셀로미탈 스틸(Arcelor Mittal Steel)의 창업자 락슈미 미탈(Rakshmi Mittal)도 인도 제1 상인집단이 마르와리 출신으로 1970년 후 고착된 인도의 산업허가제를 피해 인도네시아, 중앙아시아의 국영 철강사 인수합병과 구조조정을 통해 결국은 세계 최대 철강기업 아르셀로 스틸(Arcelor Steel)을 인수, 세계 최대 철강사를 운영하고 있는 인도 해외교포(NRI : Non Residnent Indian) 출신의 인

도상인이다.

이밖에 파르시 출신의 인도 소비재 분야 강자 고드레지(Godrej) 그룹, 철강, 비금속 분야의 강자 진달(Jindal) 그룹 등이 자기 일족·가문명을 기업명으로 한 기업이다.

Jain Dairy, Agarwal Solution, Oswal Logistics 등 인도 중소·중견기업 중에서도 자기 가문·일족명을 기업명으로 하는 수많은 기업을 접하게 된다.

아시아 제일의 부자 Mukesh Ambani의 Reliance Group, 인도의 세계적인 IT 서비스, 통신 대기업 Infosys, Wipro, Bharti Airtel 등 예외도 많고, 인도경제의 현대화 추세에 따라 감소 추세에 있지만, 이런 '일족양명(一族揚名)' 작명문화는 굳건하다.

수천 년 상인카스트 전통과 접착제식 유대관계

법적으로는 사라졌지만 인도인, 인도 상인의 내면과 사회, 정치 밑바닥에서 살아 움직이는 카스트 문화가 근원이다.

신생아든, 신생기업이든 이름을 지을 때는 자신과 주변의 모든 지혜, 경험을 모두 동원하는 것이 일반이다. 이름이 가져다주는 정체성과 동기부여, 주변 환경의 반응, 내가 통제할 수 없는 운이나 복이 이름과 관계되어 있다고 할 수 있다.

카스트는 선택할 수 있는 자율의 문제가 아니라 주어진 것, 그것도 자기 일대나 몇 대가 아니라 수천 년의 전통, 역사 내지 굴레가 함께하는 문제다. 상위 카스트의 하위 카스트에 대한 차별, 인도아대륙에서 수없이 되풀이 되는 지배계층의 교체와 그에 따른 전쟁, 기아, 질병 등에서 나와 가족, 일족을 지켜줄 곳은 오직 가족, 일족뿐이었고 이것이 대를 이어 DNA에 각인되고, 교육되고 공유되어 온 것이 인도 카스트 시스템이다.

브라민(사제), 크샤트리야(귀족, 전사), 바이샤(상인, 농민), 수드라(노예, 공인)로 대별되는 인도의 4위 카스트 내에서도 수많은 카스트, 심지어 10,000개가 넘는 하부 카스트가 존재한다. 태어나면서부터 부여된 카스트 내 일족 간 유대와 협동은 단순한 이익은 물론 생존, 번영과 직결되는 문제다. 조상 때부터 그랬고, 후손 몇 대에 이어지는 문제다.

바니아로 불리는 인도 상인카스트는 힌두 4계(세부적으로는 10,000개를 넘는 서브 카스트) 카스트 시스템에서 돈을 버는 것에 인생의 최고 가치를 부여받은 집단이다. 대를 이어 수천 년 상업, 무역, 금융 외길을 걸었고, 이런 DNA와 교육이 이어져 인도 10대 부자 중 9명이 이 바니아 출신이다.

사업, 기업을 통해 부를 키우고, 이를 성장시키되, 자신과 수천 년 생사고락을 같이했고 할 가문과 일족 이름을 드높이고 경제적 기반을 공유한다는 전통과 문화가 인도의 기업 작명법에 그대로 투영된 것이라 할 수 있다.

일족경영 문화, 우리기업이 일족 커뮤니티에 진입해야

아직도 많은 인도기업이 가족경영 체제를 유지한다. 중소·중견기업에 더 일반적이지만 많은 대기업도 가족경영 체제를 고수한다. 공동 창업자 아버지는 사장, 삼촌은 전무, 그리고 아들, 조카, 먼 친척 일가는 경영수업 중

인도 다이아몬드 산업을 장악하고 있는 Ram Krishna 가문 일족 사진. 필자 직접 촬영(SRK Exports, Surat).

의 이사, 관리부장 식이다. 회계, 금전출납, 인사, 노무관리 등은 반드시 가족 또는 일족이 담당하고 아무리 신뢰가 가도 외부인을 앉히는 경우는 드물다. 좁은 영역에 몰려 있으면서도 서로 공유, 분담하는 문화, 시스템이 잘 구비되어 있다.

많은 인도기업이 사업 확장에 목을 맨다. 부대끼는 규모에서 포용하고 있는 삼촌, 조카에 새로운 사업기회를 연결해 주고, 이들 기업 간 상호 교차지분을 통해, 전체 파이를 키우려 하는 것이 일반적이다. 인도에서 상담 기회를 가지는 우리 기업이 의아해하고 있는, 자기 본업이 아닌 다른 분야에 대한 사업기회에 그렇게 관심을 가지는 이유 중 하나다.

커뮤니티 내 자기들 간의 신용, 유대관계는 각별하다. 세계 3대 상인의 하나로 지목되는 인도상인의 대표 주자는 마르와리(Marwari) 상인이다. 척박하고 황량한 인도 북서부 타르사막을 배경으로 수천 년 장사, 무역, 금융에 종사해 온 집단이다. 수천 리 대상길의 몇 달, 몇 년을 안심하고 떠날 수 있었던 것은 남아있는 일족 공동체가 제공하는 경제적, 심리적 안식이었다.

이 집단 내에서 빌린 돈을 못 갚는 것은 공동체에서의 퇴출을 의미했고 자신과 가족의 생명이 걸린 문제였다. 카스트 족쇄에 의해 갈 곳, 의지할 타집단도 없었고 평생 노동으로라도 빌린 돈을 갚아야 했다.

타 지역에 먼저 진출하면, 무료 식사와 잠잘 공간을 마련해 자기 일족 간 정보와 경험을 공유하는 전통을 유지했다. 일족 출신 젊은이가 오면 일족 상조회를 통해 자금을 대주거나 기업 내 도제 기회를 제공했다. '디아스포라'의 유대인처럼 일족 간 사람, 자금, 정보를 합쳐 진출한 지역의 상권을 장악하고 자기들만의 울타리를 굳게 쳐오는 식으로 인도 전역을 장악했다. 우리를 포함 울타리 밖의 경쟁 일족에게는 전혀 다른 이야기로 인도 상인에 대한 일부 부정적 평가의 원인이다.

인도에서 전국구적인 의미의 일반상인 개념은 크게 의미가 없다. 1947년 해방 전의 600여 제후국 난립 예에서 보듯이 인도 상인집단의 집단 간, 지역 간 상호 경쟁, 배척 정도는 우리와 비교가 안 되게 깊다.

인도 거래 파트너와 직원이 속해 왔고, 속해 있는 일족이 어떠한 배경을 가지고 있는가를 파악하고 이해하려 하는 것, 이 두터운 벽이 우리 기업이 인도시장에 제품을 팔고, 투자하고, 운영할 때 직면하는 가장 큰 어려움이다.

도매금으로 일반화하지 않고, 여지와 여백을 두고 대하는 것. 그리고 이를 통해 미래 G2 인도의 상인 커뮤니티의 경계선에만 접근해도 우리의 대인도 비즈니스는 또 다른 세계를 맞을 것이다. 이데일리 : 2020년 4월 25일

중국과 대비되는 인도의 기부문화

#1. 아짐 프렘지(Azim Premji). 빌 게이츠, 워렌 버핏에 이은 세계 3위의 기부자다. 인도 IT업계의 짜르(Tzar)로 불리는 글로벌 IT Service 기업, Wipro의 소유주다. 2019년 110억 달러에 이어 2020년 코로나 대응기금으로 한화 기준 2,000억 원을 추가, 지금까지 200억 달러 이상의 기부 약속을 실천한 바 있다. 이코노미 좌석과 서민용 릭샤를 자주 이용하는 것으로 국민들에게 회자된다.

#2. 타타그룹(Tata Group). 170년 역사를 가진 파르시(Parsi)[14]계 기업으로 인도 국민의 존경과 사랑을 받고 있는 인도 1위 국민기업집단이다. 1,000억 달러를 넘는 인도의 제1 시장가치 기업 TCS(Tata Consulting Service)를

필두로 철강, 자동차, 화학, 에너지 등 100여 개에 달하는 기업군을 보유하고 있다. 소유주는 타타(Tata) 일가가 아니라 66% 지분을 가지고 있는 자선펀드(Dorabji Tata Trust, Ratan Tata Trust)다. 산업은 물론 교육, 보건, 연구 등 인도 근대화에 큰 기여를 해 왔고, 2020년 4월 이후에도 3,000억 원 가까이를 각종 코로나 관련 구호 및 보건분야에 지원하고 있다.

#3. 잠세드푸르(Jamsedhpur). 인도 북동부에 철광석과 석탄 산지로 유명한 자르칸드(Jharkand) 주에 우리나라의 포항과 비견되는 잠세드푸르라는 도시가 있다. 인도의 국민기업 Tata Iron and Steel Company(TISCO)의 본산으로 타타그룹의 창업자이자 Tata Steel의 설계자 잠셋지 타타(Jamsethji Tata)를 기려 1919년 개명한 도시다. 처음 기획부터 철강플랜트 부지 1,500에이커를 넘는 10배의 면적에 종업원과 주민들을 위한 각종 학교, 병원, 연구소, 인프라 등 제반 최신시설을 갖추고 타타그룹의 'Private Government' 철학을 반영하는 곳으로 유명하다.

#4. 나라야난 무르티(N.R. Narayanan Murthy). 100억 달러대 매출에 20만 명을 고용하고 있는 인도 IT Servce 공룡 Infosys의 공동창업자다. 본인 포함 7명이 의기투합해 1981년 부인들의 결혼패물 저당금으로 출발했

---

14) Parsi : 이란에 상륙한 이슬람 세력에 대해 고유 종교인 배화교(조르아스터교) 신념을 지키기 위해 8~10세기에 걸쳐 인도 서북부 해안지역에 정착한 이란계 이주집단으로 현재 6만명의 인구로 Tata, Godrej, Wadia, Cyrus 그룹 등과 높은 교육열로 세계에서 가장 성공한 소수민족집단.

지금까지 무려 한화 20조 원이 넘는 돈을 기부해 빌 게이츠, 워렌 버핏에 이은 세계 3위의 기부자로 꼽히는 아짐 프렘지(원)와 그가 타고 다녔던 포드 에스코트. 그는 이 차를 토요타 세단으로 바꾸기 전까지 9년 동안 타고 다녔다. 그는 또한 대중교통 이용자로서도 널리 알려져 있다. 현지 언론에 보도된 사진.

고, 부를 일군 후에도 창업초기의 벵갈루루 20평대 아파트에 1,000cc 소형 차를 손수 운전하고 다닌 것은 인도 IT업계의 대표적 훈화다.

인도 3위 IT기업 HCL Technology의 Shiv Naddar 1,300억 원, 아시아 최고 부자 Mukesh Ambani 800억 원, 인도 마르와리 상인을 대표하는 Aditiya Birla Group의 Birla 회장 470억 원 등 지난해 인도의 20억 원 이상 기부자수는 120명에 달한다. 일회성 기부가 아니라 매년 지속되는 기부다.

인도의 코로나 확산을 계기로 2020년 3월말 개설한 'Prime Minister CARES 펀드'는 1주일 만에 5,000억 원이 넘는 기부금으로 초기 코로나 인프라 준비에 큰 도움이 된 바 있다.

물론 14억 인구대국이지만 아직 1인당 국민소득이 2,000 달러 대로 빈부 격차는 너무나 크고, 아파트 단지 안과 바로 밖은 다른 세상이다. 3%만 내는 개인소득세로 재정과 그에 따른 인프라는 부족하기만 하다.

세계 기부문화를 주도하는 곳은 미국이다. 기금운용 투명성, 세제혜택, 사회적, 기독교적 존경 등을 배경으로 GDP의 2% 이상을 기부하는 것으로 알려져 있다.

반면, 1인당 국민소득이 인도의 5배에 달하는 중국의 기부는 최근 알리바바의 마윈, 헝다그룹의 쉬자민 회장 등 선구자가 나오고 있지만 아직 GDP의 0.1% 전후에 머물러 있다고 한다.

왜 이렇게 여러 여력과 여건이 불비한 인도에서 기부문화가 정착되어 있는 것일까? 많은 사람들이 수천 년 이어져 내려온 인도아대륙의 카스트 상인문화, 공존과 조화의 종교, 문화전통을 제시한다. 돈은 추구할 최고의 가치지만, 수천 년 체험을 통해 돈의 뿌리를 알고, 내세의 더 좋은 환생을 기대한다. 돈을 버는 일도 쓰는 것도 구도의 과정이다.

1,200여 년 전 페르시아에 밀려드는 이슬람의 종교박해를 피해 지금의 인도 북서부 구자라트 주 해안가에 파르시 선단이 도착했다. 양륙 불허의 표시로 왕의 사자가 잔에 가득 찬 우유 잔을 제시하자, 설탕을 넣으면서 이 설탕처럼 잔을 넘치지 않게 하면서도 당신들과 조화를 더하게 해달라는 파르시 원로의 지혜어린 간청과 이에 대한 왕의 감복으로 인도 땅에 정착할 수 있었다.

현재 6만 전후의 극소수 민족이면서도 타타(Tata), 고드레지(Godrej) 같은 국민 기업과 주빈 메타(Zubin Mehta)와 같은 세계적 지휘자, 인도 원자력의 아버지를 배출했다. 받은 은에 대해 은을 돌려주고 있는 것이다.

이데일리 : 2020년 11월 30일

인도의 카스트 공학, 과거와 현재

#1. 암다바드 소재 한국계 기업의 운전기사 타코르(Thakor) 씨는 요즘 매사에 신이 나 있다. RTE(Right To Education)[1] 루트를 통해 신학기부터 아들을 집 근처 최상급 영어 전용 사립학교의 1~8학년 과정에 전액 무상 교육시킬 수 있게 되었기 때문이다.

월 2만 루피(약 34만 원)의 기사 급여로 연간 수업료만 20만 루피(340만 원)에 달하는 이 사립학교 일반과정은 불가능했고, 무상이기는 하지만 그렇다고 자신이 8학년까지 다녔던 그저 그런 수준의 공교육으로 아버지

---

1) RTE : Right To Education, 카스트 피해계급[OBC(Other Backward Class, 주로 수드라 및 일부 몰락 카스트), SC(Scheduled Caste : 통상 Dalit로 불리는 불가촉 천민), ST(Scheduled Tribe : 소수민족)]에 한해 사립학교 입학정원의 25%를 Quota 할당하고, 1~8학년까지 수업료 전액면제, 급식 및 교복 등을 지원하는 제도로 2010년부터 시행.

인도의 길거리 이발사(암다바드). 필자 직접 촬영.

와 자신, 두 형제 모두 직업으로 삼고 있는 운전기사를 외아들에게도 대물림할 수는 없었다.

카스트 상층의 전사계급 출신이지만 타코르 일족의 경제적 몰락으로 최하층 카스트인 SC(Scheduled Caste : 불가촉천민으로 통상 달릿(Dalit)으로 통칭) 및 ST(Scheduled Tribe : 소수민족)와 함께 RTE 적용대상인 OBC(Other Backward Class : 주로 하층 수드라(Sudra) 출신) 그룹에 포함되어 있다는 점과 자신의 낮은 급여가 역설적으로 이 일을 가능케 했다.

신청 후 주정부 심사결과 발표까지 마음을 졸였던 OBC 그룹의 자신에 비해 배정쿼터 특혜가 더 큰 SC 출신의 옆 동네 라비커(Raviker) 아저씨 첫째 아들은 다른 사립학교 입학 티켓을 무난히 받을 수 있었다.

#2. 반면, 수업료 전액을 내면서 같은 사립학교에 둘째 아들을 보내고 있

는 페트병 제조기업의 파텔(Patel) 사장 마음 속 불만은 늘어만 간다. 중소 지주 평민 카스트 출신이지만 근현대 인도 경제 격변기를 거치면서 구자라트 주 및 인도의 경제, 정치 주도 세력으로 발돋움했다는 자부심도 큰 파텔 사장이다. 정부의 하층 카스트 지원제도의 취지를 일면 이해하면서도 교육과 직업기회에 있어 역차별을 받고 있지 않나 하는 피해의식과 카스트 정치 공학 바람이 여러 선거를 거치면서 더욱 거세지고 있다는 생각 때문이다.

#3. 현지 힌디어 선생으로 브라만 출신의 트리베디(Mrs, Trivedi)에게 이러한 추세는 피부에 와 닿는 압력이자 현실이다. 델리 출신으로 한때 공직에 뜻을 두고 많은 준비를 했었지만, 하층 카스트를 위한 할당제(Reservation System)[2]로 인한 격화되는 경쟁구조와 집안의 결혼 주선으로 브라만 남편을 따라 암다바드에서 시집생활과 영어 및 힌디어 과외를 병행하고 있지만 일상 현실의 경제적 문제가 버거울 때가 많다.

이상은 필자가 인도 현지, 특히 구자라트 주 현장에서 보고 해석해 본 현대 인도 카스트 공학의 한 단면이다.

인도는 영국 식민지배 이전 하나의 나라를 가져본 적이 없다.

인도는 물론, 인도아대륙 전체에서 3,000여 년 역사를 가졌다는 인도의 카스트 시스템은 사제계급의 브라민(Bramin), 왕족 및 전사계급의 크샤트

---

2) Reservation System : 인도 대학입학과 공직(정부 및 공기업) 진출에 있어 OBC(25%), SC(17%), ST(8%) 별 별도 Quota를 설정, 지원그룹별 Quota 내 경쟁 및 일반경쟁을 분리하는 시스템.

리아(Kshatriya), 농민 및 상인 그룹의 바이샤(Vaisha), 수업공계열의 수드라(Sudra)라는 4대 그룹과 그리고 이 카스트 계열에도 포함되지 못한 불가촉천민 달릿(Dalit)으로 대별된다.

독립 이전 인도에 흩어져 있던 562개 자치국 지도. 구자라트 주 암다바드 파텔 박물관(Patel Museum)에서 필자 직접 촬영.

더 나누면 3,000여 서브 카스트, 더 많게는 25,000여 세부 카스트가 있다고 알려져 있다. 샤르마(Sharma), 브야스(Vyas) 하면 브라민 사제, 샤(Shah)나 모디(Modi) 하면 바니아(상인), 파텔(Patel) 하면 중소지주 출신 평민계급 등 일족의 성을 통해 전해지고 상호 인식되고 또 관리되어 왔다.

과거에는 글에 대한 일상의 접근 기회 차별과 제도 교육에 대한 일족의 지원, 변화가 거의 없는 전통사회 구조로 인해 대학입학이나 공직시험은 브라민이나 상인, 일부 지주 출신 위주의 내부 리그였다. 아직도 인도 전체 인구의 약 2/3가 있는 농촌지역에서의 카스트 영향력은 커, 농촌 내 카스트 서브 그룹 간 충돌과 유혈분쟁에 관한 기사를 종종 접한다.

아직도 인도의 경제, 정치, 문화를 주도하고 있는 곳은 글과 문자, 종교란 주제를 주관했던 4% 내외의 브라민과 3,000여 년의 상인 DNA 속에 상

■ 인도의 현대 카스트

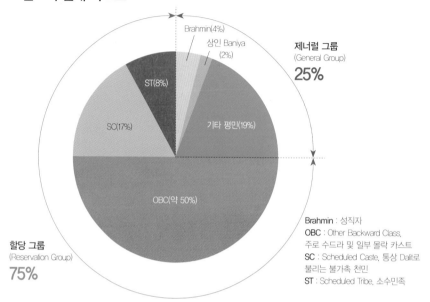

Brahmin(4%)
상인 Baniya
(2%)
제너럴 그룹
(General Group)
25%
ST(8%)
SC(17%)
기타 평민(19%)
OBC(약 50%)

할당 그룹
(Reservation Group)
75%

Brahmin : 성직자
OBC : Other Backward Class,
주로 수드라 및 일부 몰락 카스트
SC : Scheduled Caste, 통상 Dalit로
불리는 불가촉 천민
ST : Scheduled Tribe, 소수민족

조 문화 및 시스템이 정비된, 돈을 알고 관리할 줄 아는 2% 전후의 바니야 그룹임을 부인할 수 없다.

그러나 2000년대 이후 OBC, SC, ST 그룹에 대학입학 및 공직에 50%의 자리가 강제 할당되어 일반 자리가 반으로 줄었고, 인도의 경제성장과 급속히 진행되고 있는 도시화와 인구이동, 그리고 인도 정부의 과거 카스트 하 차별그룹에 대한 제도적 지원은 기존 카스트 프레임의 입지와 영향력을 크게 약화시키고 있다.

일례로 인도 중앙정부는 사회정의역량강화부(Ministry of Social Justice & Empowerment)란 별도 부처를 두고 불가촉천민(Scheduled Caste) 등 과거의 차별적 카스트 관행이나 기타 요인으로 낙후되어 있는 그룹을 지원키 위해 각종 프로그램을 개발, 시행하고 재정지원을 강화하고 있다.

인도정부의 용어와 인구 센서스 기준으로 과거의 카스트를 현대적 계층으로 재해석하면 제너럴 그룹[General Group(25%) : Bhramin(4%), 상인 Baniya (2%), 기타 평민(19%)]과 할당 그룹[Reservation Group(75%) : OBC(약 50%), SC(17%), ST(8%)]으로 대별할 수 있다.

이런 의미에서 현 인도에 있어서도 카스트 제도는 현존하고 있다. 과거의 같은 계급 간 차별의 유지를 위해서가 아니라 카스트에 의거한 차별 금지와 역사적인 카스트 피해 그룹에 대한 지원강화를 통해 전체적인 형평성을 회복, 강화하자는 의미의 카스트 차별은 아직도, 그리고 상당기간은 존재할 것이다.

압도적 재선으로 2024년까지 예정된 인도 모디 총리의 "인도에는 가난한 그룹과 이를 해결하기 위해 노력하는 2개의 그룹만이 있다"라는 천명과 같이 경제 및 사회가 같이 성장하고 중지가 모아지는 다이나믹 인도(Dynamic India)의 모습을 기대해 본다. 이데일리 : 2019년 6월 10일

맬더스의 인구론과 14억 인도의 고민

인구와 경제간 상관관계를 정리한 맬더스의 '인구론'이 유명하다. 인구는 2, 4, 8의 기하급수로 증가하는 반면, 식량생산은 2, 3, 4의 산술급수로 증가해 전쟁, 질병이나 적극적인 계몽과 교육 없이는 빈곤의 악순환과 파국을 가져올 뿐이라는 비관적 미래관이다.

맬더스 출생 직전인 1750년 8억 명 수준이던 전 세계 인구는 270년만인 현재, 10배 규모인 80억 수준에 육박해 있다. 환경오염, 자원 남용과 지구 온난화 등 인구증가의 폐해로 지구는 몸살을 앓고 있다.

물론 맬더스의 예언은 빗나갔다. 인류의 집단지성으로 인구는 기하급수로 증가하지 않았고, 과학기술의 진보로 식량도 바닥성장률을 웃돌았다.

그러나 인도에서 맬더스의 인구론은 반은 맞고, 반은 틀린 것 같다.

인도 암다바드시내 쇼핑몰의 오토바이 주차장 전경. 필자 직접 촬영.

1947년 독립 당시 3억5,000만 명으로 출발한 인도의 인구는 2019년 13억8,000만 명으로 4배 급증했다. 현재 미국의 1/3 면적에 미국 인구의 4배이며, 3배 면적의 중국 인구에 버금가는 사람들이 인도 땅에 살고 있다.

해서 끊임없이 이어지는 대도시의 인파를 피해 찾아가는 북서부의 라자스탄 사막에도, 북부 히말라야 산맥에도 사람이 차고 넘친다. 북부의 펀잡, 갠지스 평원과 중부 데칸고원이 가져다주는 풍부한 물산으로 이 많은 인구 중 공식적으로 굶어죽는 인구는 없다.

그러나 인도의 1인당 국민소득은 아직 2,000불대 초반이며, 인구의 2/3는 카스트 문화가 지배적인 농촌의 농민과 농촌을 떠나 도시로 몰려드는 도시 빈민이다. 델리, 뭄바이 등 인도의 주요 도시는 쓰레기, 주거, 교통, 오염, 교육문제로 몸살을 앓고 있다.

2020년 3월 25일부터 시작된 3개월간의 국가 전면 록다운 기간 중 생계를 위해 자신의 고향으로 돌아가야 했던 100만이 넘는 뉴델리의 일용직 노동자의 고향 복귀 러시는 이러한 인도의 도시화, 빈부격차 문제를 극명히 보여주었던 사례다.

상위 1%가 전체 부의 73%를 차지[3]하는 빈부격차가 엄존하고 있고, 개인소득세를 내는 인구는 전체의 3%에 불과하다.

중국의 1가정 1자녀 정책 폐해가 주는 교훈이 있는 데다 복잡한 정치, 행

인도 상류층의 자녀 작명 축하연회(암다바드). 필자 직접 촬영.

---

3) Oxform 추정.

정, 사회, 종교, 인종적 다양성과 민주적 전통으로 인도는 중국식 강제 산하 제한 정책을 추진할 수 없다. 인도정부는 피임 및 교육확대, 여성의 사회적 진출확대 등에 진력하고 있다.

UN 자료에 따르면 인도의 인구는 2025년 세계 1위 중국을 추월하고 2050년까지 16억 명에 달할 전망이다.

1947년 독립 이후 1980년대까지 실질 GDP 3.5% 성장, 1인당 소득 1.4% 증가율의 '힌두성장률'로 조롱받던 인도는 1991년 경제 개혁개방 이후, 특히 21세기 들어 6%대, 지난 5년간 7.3%란 세계에서 가장 높은 GDP 성장률을 제시한 바 있다.

인구증가율도 1970~80년대 2.4%를 피크로 현재의 1.2%까지 꾸준히 낮아지는 추세이고 고성장세와 보건의료 확충, 교육 확대로 성비나 문자해독률, 평균 기대수명 등 인구, 복지 관련 지표도 지속 개선추세에 있다.

특히 평균연령은 현재 29세로 38세의 중국, 39세의 미국, 48세의 일본에 비해 매우 젊다. 전 인구의 2/3인 생산가능인구의 향후 지속 확대 전망은 인구절벽이나 고령화에 고심하고 있는 일본, 중국 및 우리나라와 대조된다.

14억 명의 인구와 고성장이란 기초 위에 늘어나는 젊은 인구와 중산층의 폭발적인 증가, 이에 수반된 구매력 팽창은 미래 G2(Great 2), 인도의 핵심 경쟁력이다.

빗나간 맬더스의 과거 예언이 미래 인도 땅에서도 빗나가기를 기대한다.

이데일리 : 2020년 2월 2일

네루의 〈세계사 편력〉과
인도의 'License Raj'

네루의 〈세계사 편력(Glimpses of World History)〉. 인도 초대총리 자와 할랄 네루(Jawaharlal Nehru)가 1930년대 3년여의 수감기간 중 13살 외동 딸 인디라 간디에 대한 교육용으로 쓰기 시작한 196편의 편지를 모은 책이 다. 세계에서 가장 긴 기네스 기록 편지로 알려져 있다.

옥고의 와중에도 자신의 딸을 위한 역사교육용 편지를 그 긴 기간에 이 러한 내용의 글로 전달할 정치 지도자가 누가 있으랴.

통상 우리가 교육받고 알던 서구적 관점이 아닌, 제3자 입장에서 동서양 의 여러 사상, 문화와 역사를 관조해 보려했고, 1947년 독립 이후 이어진 인 도의 비동맹과 민주 사회주의 노선의 뿌리를 엿볼 수 있는 책이기도 하다.

1930년대 세계가 미증유의 대공황으로 휘청거리고 있을 때, 소련판 계획경제가 보여주었던 단기간의 경제 성과는 네루와 인도 독립운동의 본산 인도국민회의당(INC, Indian National Congress) 지도층의 마음을 사로잡았다.

License Raj와 힌두 성장률

동인도 회사(East India Company)로 대변되는 영국의 식민지배가 가져다 준 외자 및 대외교역에 대한 알레르기 반응은 독립 인도에 민주주의 정치와 사회주의 경제를 혼합한 네루식 민주 사회주의 자급정책으로 연결되었다.

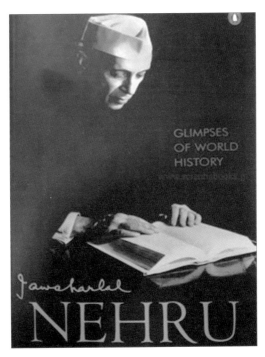

산업화에 필요한 철강, 기계, 물, 전기, 광업, 인프라, 금융, 심지어는 호텔까지 거의 모든 산업 및 주요 서비스 부문을 공기업이 지배했다. 도입된 각종 교육, 의료, 보건 기반은 저소득층 기저생활 강화와 고른 산업기반을 갖추게 한 출발점이다.

네루의 '세계사편력(Glimpses of World History)' 표지.

인도 독립 및 건국 영웅. 왼쪽이 초대 수상 자와할랄 네루(Jawahalral Nehru), 가운데가 마하트마 간디(Mahatma Gandhi), 오른쪽이 인도 초대 부총리 사르다르 파텔(Sardar Patel). 필자 직접 촬영.

헌법에 카스트(Caste) 차별 폐지를 명문화하고 전체 인구의 3/4을 차지하는 중하위 카스트 계층에 공직, 공기관과 대학 진입 시 50%에 달하는 별도 쿼터(Quota)를 배정하는 등 각종 지원제도를 도입, 뿌리 깊은 3,000년 카스트 기반을 뿌리부터 흔들려 시도했다.

그러나 비효율적인 중앙계획 시스템과 규율되지 못한 관료제가 민간 부분을 질식시켰고, 80년대 초반까지 연평균 3.5%의 경제성장률과 1인당 GDP 1.4% 성장이라는 '힌두 성장률'로는 극심한 빈부격차를 완화, 해소할 체력을 비축할 수 없었다.

산업에의 진퇴는 물론 특정상품의 생산량도 정부 관료들의 손끝과 정치

권과의 관계로 좌지우지되고, 기업인들은 국내외 거래처나 산업 현장이 아닌 정부나 정치권 문턱을 드나들어야 했다.

정경유착과 부패의 뿌리 깊은 연결고리는 고착, 강화되었고 세계 3대 상인이라는 인도 상인과 인도 경제의 국제경쟁력과 자생력은 정체 내지 후퇴되는 후유증을 남겼다.

이렇게 인도가 1947년 독립 후 IMF 구제금융 조건부로 대외에 문호를 개방한 1991년까지 기간을 'Industry Raj[4]' 또는 'License Raj'라 부른다. 'License'가 '왕(Raj)'인 시절이었다.

그러나 외부에 문을 닫아 걸은 이 40년 동안 외부세계는 급변했다.

간디, 네루 그리고 파텔

성장과 효율, 기술발전 속도 면에서 인류사 최적시스템이라는 자본주의 기반의 미국, 일본과 서구는 급속한 기술 발전과 성장세를 이어갔다. 이웃 공산국가 중국은 40여 년의 공산개혁을 통해 뿌리와 바닥을 다진 이후, 인도보다 12년 앞서 1979년 덩사오핑이 개혁개방 정책을 도입, 세계의 공장으로 부상하기 시작했고, 인도 경제의 버팀목이자 롤 모델이었던 소련은 1989년 붕괴되었다.

90년대 이후 인도의 지난 30년은 독립 후 40여 년 간 License Raj 체제의 온실 속에서 안존하던 인도 기업, 인도 상인들이 온실 장막이 거두어진

---

4) Raj : 힌디어로 왕, 지배를 뜻한다.

경쟁체제 하에서 새로운 강자와 경쟁하면서 그 체력과 경쟁력을 키워간 기간이다.

인도 초대총리로 네루가 아닌, 간디의 요청으로 초대 부총리를 네루에게 양보한 파텔(Vallabhbai Patel)이 했어야 했다고 아쉬워하는 그룹이 많다. 주로 간디 및 파텔의 고향인 인도 북서부 구자라트(Gujarat)에 기반을 둔 정치, 상인(바니아) 그룹의 견해다.

파텔의 카리스마와 정치적 수완이었다면 현재의 카시미르 영토 분쟁은 없었을 것이고 인도의 기업, 국가경쟁력은 세계 최고 수준에 도달해 있었을 것이라는 얘기다. 그 좋았던 1950년대 이후의 국제교역 여건 하에서 인도 상인의 경쟁력이 만개했을 것이고 인도라는 국가의 경제 파이는 지금과 비교할 수 없이 커져 있을 것이라는 생각에 바탕을 두고 있다.

현 모디 총리가 가장 존경하는 인물 중의 한 분이 파텔 초대 부총리다. 갠지즈에 이은 인도인의 제2 젓줄 Narmada 강 어귀에 현존 세계 최고의 180m 개인 동상을 기획하고 완공시킨 사람이 현 모디 총리다.

역사에 가정은 무의미하다지만, 독립 이후 네루 가문의 국민회의당 정권이 좀 더 철저한 토지 및 사회개혁을 추구했다면, 정치사회적 여건상 이것이 불가능했다면, 해방 이후 구축한 민주 사회주의 시스템 기반 하에 중국과 비슷한 1979년 전후에 인도가 개혁개방 정책으로 물길을 돌릴 수 있었다면 현 인도는 이미 G2가 되어 있지 않았을까? 현 인도의 경제 · 사회정책 주도 그룹의 마음 바탕에 깔린 생각이 아닐까 한다. 이데일리 : 2019년 12월 15일

인도경제의 희망, 불고 있는 교육열풍

#1. Mr. ○○○ Ram. 뉴델리 위성도시 구르가온 주택가 입구의 가설부스를 운영 중인 구두 수선공이다. 인도 카스트 위계에서 가장 낮은 불가촉천민(달릿, Dalit) 내에서도 가죽 무두질로 대를 이어 온 차마르(Chamar) 출신이다. 인도에서 가장 기난한 비하르 주에 아내와 세 딸을 남겨두고 공휴일도 없이 매일 그 자리를 11년째 홀로 지키고 있다. 전해 내려온 솜씨와 근검으로 손님이 끊일 새가 없지만 그가 버는 돈의 대부분은 8살, 11살 두 딸의 사립학교 교육비로 보내진다.

#2. Mr. ○○○ Thakur. 인도 7대 경제도시 암다바드에서 일하는 운전기사다. 대표적 크샤트리아(전사, 영주) 카스트인 Thakur 가문 출신이나

인도의 교육열풍은 우리나라 못지않다. 인도 이공계 명문 인도공과대학교(IIT, Indian Institutes of Technology) 캠퍼스(간디나가르). 필자 직접 촬영.

재산관리와 후손 교육에 등한시한 선조들 영향으로 중졸에 머문 자신을 넘어 외아들만은 대학을 졸업시키는 것이 온 가족의 일념이다. 그렇다고 연 300만 원 이상인 사립학교 비용을 월 40만원의 기사월급으로는 감당할 수 없다. 각고의 준비와 노력 끝에 사회경제적 소외계층 우대입학제도(RTE: Right To Education : 사립학교 정원의 25%를 신분적, 경제적 소외계급에 할당하는 제도)를 통해 집 인근의 명문 사립학교에 입학시켰다. 정부지원으로 8학년까지는 전액 무상이나 이후의 고등학교, 대학교 학비 모으는 일로 인해 늘 그의 점심은 아내가 싸준 도시락이다.

#3. Mrs. ○○○ Agarwal. 인도 중남부 아시아의 실리콘 밸리로 불리는 벵갈루루(Bengaluru)에 터를 잡은 인도 제일의 상인 카스트(Baniya), 마르와리 출신의 전업주부다. 부모 모두가 최상의 옷과 맵시로 어필해야 할 때가 인생에 두 번으로 집안 결혼식과 자녀 유치원 입학심사 때다. 명문 사립 유치원에 일단 입학이 되면 이 재단의 고등학교까지 최상의 교육이 이어지

고 대학 입학도 자연적으로 연결된다. 입학의 키를 쥐고 있는 교장 선생님에게 내 사회적, 경제적 지위를 최대한 과시해야 한다.

이상은 인도 각지에서 불고 있는 교육바람의 사례다. 인도의 교육열풍은 우리나라 못지않다. 역사가 증명하듯 교육, 그리고 영어를 수반한 교육은 동서 그리고 최근세에 있어 신분과 계층 사다리를 뛰어 넘는 가장 효과적인 지름길이다.

카스트 신분제의 영향이 어느 지역, 국가보다 더한 인도에서의 고등교육 그리고 영어교육은 인생 전반을 걸어야 하는 가족의 과제이자 부모 한 세대

인도경영대학원(IIM, Indian Institutes of Management) 동창회(암다바드). 인도에서의 고등교육은 인생 전반을 걸어야 하는 가족의 과제이자 부모 한 세대를 넘어선 수십 대 조상의 염원이 담긴 한의 문제다. 필자 직접 촬영.

를 넘어선 수십 대 조상의 염원이 담긴 한의 문제다.

　인도 독립 시 0.02%에 불과했던 영어 구사자는 2011년 센서스 때의 11%를 넘어 현재 20%에 육박한 것으로 추정되고 있고, 대학진학률도 20%를 넘어섰다. 델리, 뭄바이 등 인도 대도시 주요 상가나 몰은 영어, 공무원 및 유학 시험을 위한 학원들로 넘쳐나고 있다. 인도의 해외유학생은 30만 명으로 중국에 이어 세계 2위다. 2011년 출범한 온라인 교육 스타트업 브랜드 Byju's는 4,000만 유저와 80억 달러로 평가되는 세계 제일의 온라인 교육 기업으로 급성장했다.

　현재 인도는 수직적인 카스트 제도에서 수평적인 산업사회, 도시사회로 급격히 이동 중이다. 카스트 전통이 심한 농촌에 아직도 전체 인구의 2/3가 머물고 있지만 이 농촌도 8학년까지의 무상 의무교육 효과가 확산되고 있고, 고성장과 급진전 중인 도시화로 과거의 카스트, 신분보다는 교육과 직업, 돈의 영향력이 날이 갈수록 커지고 있다.

　우리가 그랬듯이, 인도의 교육열풍과 이것이 가져다주는 역동성은 인도의 경제성장과 사회발전을 기저에서부터 떠받치고 있는 힘이다.

헤럴드경제(글로벌인사이트) : 2020년 2월 10일

'레드 카펫'과 '레드 테이프' 기로에서

．
．
．
．
．
．
．
．

　빨강은 서양에서 부귀와 귀족을 상징한다. 인도에서는 카스트 4개 계층 중 왕족의 크샤트리아를 대표하는 색이다. 동서양에서 환영의 의미로 '레드 카펫(Red Carpet)'이 쓰이는 연유다.

　'레드 테이프(Red Tape)'는 관료들이 늦게 처리할 행정서류를 빨간 끈으로 묶어 두었던 데에서 연유된 과도한 규제 내지 부패를 상징하는 관료주의의 대명사다.

'레드 카펫(Red Carpet)' 인디아

　중국발 코로나 사태로 인한 글로벌 공급망 재편 경쟁 속에서 인도 정부도 발 빠르게 대응하고 있다.

인도 경제의 관문 뭄바이 항구 입구의 인디아 게이트, 필자 직접촬영.

향후 5년 간 인도 내 제조법인에 대해서는 기존 25%가 아닌 15%의 세계 최저 수준 법인세를 제시하고 있다. 향후 5년 간 인도 내 추가생산 금액의 5% 전후를 인도 정부가 현금 지원하는 생산연계인센티브(PLI: Production Linked Incentive) 제도도 파격적이다.

애플 협력사인 폭스콘(Foxcon)이 1차 중국 생산물량의 20%를 인도로 이전하는 등 대만계 기업이 빠르게 호응하고 있다. 삼성전자도 이와 연계해 2020년 월 700만 대 생산을 2021년 월 1,000만 대로 확대할 예정이다.

2020년 6월 인도–중국 유혈 국경 분쟁 이후, 틱톡(Tiktok) 등 230여 중국 앱(App)이 퇴출되고 투자, 프로젝트에 대한 중국기업 참여가 금지됐다.

홍수를 이루던 중국산을 대체하고 전환하는 것에 대한 인도기업의 호응도 각별하다. 중국산이 물러나고 있는 이 빈 공간을 메우기 위해 애플이 100억 달러, 페이스북이 60억 달러를 투자키로 하는 등 미국, 일본기업의 대응도 발 빠르다.

지난 5년 간 독립 후의 숙원과제였던 통합 부가가치세(GST: Goods Service Tax)를 도입했고, 1,200여 개에 달하는 규제 관련 법률을 개폐했다.

이런 노력으로 세계은행이 매년 집계 발표하는 'Ease of Doing Business' 지표의 국별 순위에서 인도는 5년 전 130위에서 2019년 63위로 급상승했다. 현재 인도 내 스타트업(Startup) 기업 수는 세계 3위인 5만개다.

'레드 테이프(Red Tape)' 인디아

그러나 영국 식민지 시절부터 고착된 관료제의 영향은 아직도 공고하고 우월하다. 카스트 유제 영향으로 관존민비 문화는 뿌리 깊고, 상하를 불문하고 일단 자기 권한 내에 들어온 것에 대해서는 최대한 영향력과 존재감을 행사한다. 통관, 인증, 인가, 허가, 심사 등 현장에서의 인도 담당자 재량은 크고 깊다. 외국계 기업은 물론 인도기업도 가장 어려움을 토로하고 있는 분야다.

힌디어로 내일과 어제는 같은 'Kal'이다. 아인슈타인의 상대성 이론을 오래 전부터 체화했는지 윤회적 인도인 세계관에서는 '내일이 어제고 어제가 내일'이다. 일반 국민들도 또 공무원들도 서두르지 않는다. 외국계와 우리 기업에게는 '레드 테이프'다.

영국군의 사냥 모습(콜카타 빅토리아 박물관). 인도에서 영국 식민지 시절부터 고착된 관료제의 영향은 아직도 공고하고 우월하다. 필자 직접 촬영.

레드카펫이라는 총론과 레드 테이프라는 각론이 따로 놀고 상반된 분야와 영역이 아직도 너무나 많고 깊다. 부패 산업(Industry)이라고 표현하는 분도 많다.

식민통치의 영향으로 문서화, 매뉴얼화가 일상화되어 있다. 긍정적 측면도 많지만 아파트 단지든 사무실이든 정문의 문지기는 수없이 들고 나는 그 많은 차량을 매일 적고, 또 기록한다.

모디 정부의 '디지털 인디아(Digital India)' 정책은 세원, 세수확대 외에도 이런 관료집단의 느린 시간 관행과 자의, 부패 여지를 줄이기 위한 '반 레드 테이프(Anti Red Tape)' 정책이다.

'Red Carpet' 총론, 'Red Tape' 각론

인도는 실질적으로 하나의 국가가 아니라 EU형 연방제 국가다. 이번 인도 내 코로나 진전 경과는 인도 각주와 주 총리의 국가적 권한과 자율을 확인할 기회였다.

빨리빨리 문화의 우리기업과 약속하면 이행해야 하는 서구기업 관점에서 인도의 이 레드 테이프 관행은 아직도 인도 진출을 늦추게 하는 가장 큰 이유다.

2021년 3월 현재 인도의 코로나 공식 누적확진자 수는 1,100만을 넘고 있다. 전면적 국가봉쇄 기간이었던 지난 2분기 경제는 −24% 후진했고, 많은 기관이 2020년 −7~−8% 성장을 제시하고 있다. 2021년에는 10% 이상의 성장세의 V자형 회복을 대부분 전망하고 있다.

모디 정부의 코로나 조기종식, 반 레드 테이프(Anti Red Tape), 프로 레드카펫(Pro Red Carpet) 정책이 본궤도로 회귀하고 총론과 각론 격차도 더 좁혀지기를 기대한다. 　　　　　　　　　　이데일리 : 2020년 10월 11일

인도의 덩샤오핑(鄧小平), 모디(Modi) 총리

흔히 현재의 중국을 있게 한 인물로 덩샤오핑(鄧小平, Deng Xiaoping) 을 꼽는다. 대장정을 거친 중국 공산당의 대원로이면서도 '흑묘백묘(黑猫白 猫)'로 대변되는 중국 개혁개방의 청사진을 제시하고 G2 중국 웅비의 초석 을 놓은 인물이다.

중국의 개혁개방 원년인 1979년 미국을 방문, 양복이 아닌 인민복을 입 은 채 미군 의장대를 사열하던 그 당당하고 단단한 5척 단구의 거인, 등소평 의 당시 모습은 40년 세월을 넘어 현재의 미—중 무역분쟁의 전초전이었다.

중국에 덩샤오핑이 있었다면, 현재의 인도에는 나렌드라 모디(Narendra Modi) 총리가 있다.

덩샤오핑은 화상(華商) 중의 화상이라는 객가(客家) 상인 출신이다. 그

피 속에 내재된 상인정신, 실용
정신이 공산주의 중국의 개혁
개방으로 연결되었다. 모디 총
리도 인도 경제를 주도하고 있
는 상인계급(Baniya)에 그 뿌
리를 두고 있다. 다시 말해 인
프라, 제조업, 스타트업, 디지
털, 외국인 투자를 핵심 키워드
로 하고 있는 현 인도의 개혁

2019년 5월 30일 2기 취임식상의 모디. 출처 : 인도총리
실(PMO) 홈페이지.

개방 정책 역시 그 연원을 인도상인, 바니야에서 찾을 수 있다는 뜻이다.

덩샤오핑의 선전(深圳) 등 동남부 해안지역 4대 경제특구 성공 모델이
중국 내 여타지역으로 확산되었다면, 모디가 13년 총리로 재임했던 인도 북
서부 구자라트(Gujarat) 주를 보면 현재 및 향후 10년의 인도 경제의 지향
점을 볼 수 있다.

모디 총리는 구자라트 주 총리 재임 기간 중 강력한 카리스마로 관료 집
단을 휘어잡아 인도에서 가장 효율적인 행정시스템과 관료문화를 정착시켰
다. 산업, 경제적으로 가장 낙후된 주에서 도로, 산업단지, 전력 등 사회기
반시설을 인도 내 최고 수준으로 끌어 올렸고, 원스톱 지원 시스템으로 외국
기업과 제조업이 몰려와 재임 기간 중 평균 13%대의 경제성장을 제시했다.

이런 성과와 비전을 배경으로 2014년 중앙정부 총리로 진출했고, 지
난 5년 그리고 향후 5~10년의 인도 경제, 사회정책은 이 구자라트 모델

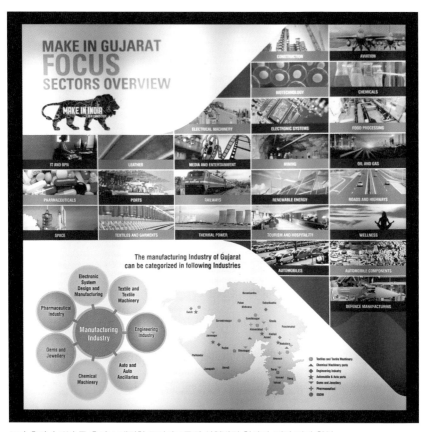

모디 총리가 13년 주 총리로 재직한 구자라트주의 산업발전 청사진. 필자 직접 촬영.

(Gujarat Model)의 인도 전국 버전(Version)이라고 할 수 있다.

덩샤오핑은 매우 청렴하고 담백한 일상의 삶을 산 것으로 알려져 있다. 사실상 독신인 모디 및 그 주변 인물들도 깨끗하다. 등소평이 실용노선의 공산주의 신념에 충실했다면, 사심 없는 성직자의 기운이 함께하는 상인 집안 출신의 개혁가 모습을 모디에게서 본다.

주 총리 13년, 인도 총리 5년이면 잡음이 날만도 한데, 90세가 넘은 그의 모친과 간치(소상인 카스트) 집안 형제들은 구자라트 내 옛날 집에서, 예전 모습 그대로 살아간다.

덩샤오핑이 개인적 카리스마에 중국 공산당이라는 강력한 정치세력을 배경으로 자신의 사상과 정책을 구현했다면, 현 모디 총리 및 집권당은 2019년 5월 총선에서 집권당(BJP) 자체만으로도 과반을 훨씬 넘는 의석을 확보, 1947년 독립 이래 유례가 없는 강력한 지지기반을 구축했다.

모디의 개인적 신망과, 이전 정부였다면 거의 불가능했을 강력한 대테러 정책, 화폐개혁과 통합간접세(GST) 도입 등을 통해 독립 이후 최고 스트롱맨(Strongman)이라는 이미지를 구축한 결과다. 그는 코로나19가 지구촌을 휩쓸기 전까지 5년간 세계 최고 수준의 7%대 경제성장, 체감할 수 있는 안전과 효율적인 행정, 눈에 보이는 경제, 사회, 행정적 비전을 제시했다.

히말라야 산맥 남북을 경계로 한 이웃 중국이 1978년 개혁개방 정책을 도입했고, 인도는 1991년에 시장을 대외에 개방했다. 양국 인구는 비슷하고 세계 역사를 주도한 대국이란 자존심도 서로 밀리지 않는다.

중국 공산당과 같은 강력한 운용시스템이 없는 세계 최대의 민주주의 국가, 인도의 개방초기 진퇴를 감안하면 양국 간 약 15~20여년의 시차, 그리고 그만큼의 경제, 국력차가 존재한다.

덩샤오핑이 20년의 시간을 가졌다면, 모디는 지난 5년을 포함 최소 10년~15년 자신의 시간을 가질 수 있다. 중국이 주춤 내지 하향세라면 젊은 인도, 민주 인도는 상승곡선을 그리고 있다. 그리고 그 시차와 거리는 좁혀질 것이다. 세계는 현 G3, 미래 G2로 인도를 지목하고 있다. 이데일리 : 2019년 11월 2일

인도시장, 14억이 아니라 아직은 4억

:
·
·
·
·
·
·
·
·

인도 1, 2위 전자상거래 기업 플립카트(Flipkart)와 아마존 인디아 (Amazon India)의 주 고객은 델리, 뭄바이와 같은 1, 2선(Tier 1, 2)의 대도시 거주자다. 반면, 2019년 11월 한국계 큐텐(Qoo10)이 인수한 3위 샵클루즈(Shopclues)와 물류 자회사 모모에(Momoe)의 주 기반은 3, 4선(Tier 3, 4)의 소도시 및 농촌이다.

창립 8년 만에 시장가치 200억 달러, 가입회원 3억 명으로 성장한 인도 최대 유니콘(Unicon) 기업 페이티엠(PayTM)의 주 대상은 대도시 및 중견도시다. 2015년 충전식 휴대전화의 잔고 확인 앱(App)으로 출발해서 2019년 소매금융 라이선스까지 받은 한국계 스타트업 밸런스 히어로(Balance Hero)는 10억 중·소득층을 대상으로 건당 10루피(170원), 20루피(340원)

와 같은 소액결제의 다다익선 판매 전략을 추구하고 있다.

인구가 14억 명이라 하지만, 극심한 빈부격차와 1인당 평균 국민소득 2,000 달러의 시장에서 인도기업과 외국기업 공히 자사의 시장(구매력) 규모를 얼마로 설정해야 하는가는 향후 성장전망과 함께 해당기업의 마케팅 전략 및 투자계획과 직결된 핵심정보다.

급속한 도시화로 줄어드는 추세이지만 아직도 인도 인구의 2/3는 농촌에 거주한다.

북서부 편잡(Punjab) 주의 대농장과 기계화 영농 등 일부 예외가 있고 개선 추세이지만, 인도 농촌 대부분은 8, 9월의 몬순 강우량에 의존하는 천수답 농업 구조다. 정치적 목적 외, 현재 인도 정부가 농업 종사자에 대해 개인소득세를 일괄 면제해 주고 연 4,000억 달러의 정부 예산의 10% 내외

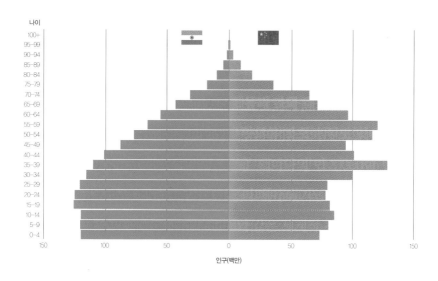

2025년 인도와 중국의 인구분포도 비교(자료 : Visual Capitalist)

인도의 소득 및 부의 불평등은 심각하다. 인도는 1인당 평균소득 2,000달러의 가난한 나라가 아니라, 현재 기준으로도 7,000달러 이상의 1인당 평균소득자를 4억 명 이상 보유한 시장으로 봐야 한다. 사진은 뭄바이 소재 세계 최대 빨래촌 '도비가트'. 필자 직접 촬영.

를 농업분야에 투입하고 있는 이유이다.

〈데일리 파이어니어(Daily Pioneer)〉, 〈크레딧 스위스(Credit Swiss)〉 등의 자료에 따르면 인도는 러시아 다음으로 소득 및 부의 불평등 문제가 심각하다. 인도의 상위 1%, 10%, 30%가 전체 부의 60%, 80%와 95%를 각각 소유하고 있는데 반해, 하위 50%, 즉 7억 인구가 전체 부에서 차지하는 비중은 2.7%에 불과하다.

인도의 뿌리 깊은 지하경제와 분배문제는 개선 추세이고, 적어도 향후 10년여 인도의 전체소득과 1인당 평균소득은 7% 전후의 고속 성장세를 지속

할 것이다. 실질 구매력 지수로 달러환산 국민소득보다는 실질구매력(PPP) 소득이 더 의미 있다는 지적도 많고, 부 분포를 소득분포로 일괄 적용하는 데 일정 한계가 있다.

그럼에도 위의 수치를 현재의 달러환산 국민소득으로 적용해 보면, 14억 인도 인구의 1%, 즉 우리 인구의 약 30%에 가까운 1,400만 인도인의 1인당 GDP는 13만 달러다. 즉 우리나라 1인당 소득 30,000달러의 4배 이상의 소득과 부를 가진 인도 상위소득 인구가 싱가포르 인구 700만의 2배에 달하는 1,400만 명에 달한다.

상위 10%, 일본 인구보다도 많은 1억4000만 인도인이 연간 약 17,000달러의 1인당 국민소득 수준에 도달해 있다.

상위 30%인 4억 2천만 인구의 1인당 GDP(Gross Domestic Products)는 7,000달러 내외이다. 1인당 GDP 7,000달러는 현재의 우리 제품과 기술, 그리고 축적한 노하우와 기술이 통하는 상호 보완영역이라 할 수 있다.

인도를 1인당 평균소득 2,200 달러의 가난한 나라라는 허상이 아니라, 현재 기준으로도 7,000달러 이상의 1인당 평균소득자를 4억 이상 보유한 핵심 경협 파트너로 보아야 하는 이유다. 이데일리 : 2020년 2월 15일

2000년 중국, 2010년 베트남, 2021년 인도

"2001년이 한국 기업들에게 중국 진출 러시의 원년이었고, 2010년이 베트남 진출 러시의 원년이었다면, 2020년은 인도 진출 러시 원년이 될 것이다."

최근 인도를 방문하는 많은 우리 중소, 중견기업 관계자들이 전하는 말이다. 'G3' 국가로 부상한 인도에 대해 유수의 경제분석기관이 분석한 바도 같다. 전 세계와 인도를 덮친 코로나로 인해 2020년이 2021년으로 한 해 이연되었지만 이 흐름은 변함이 없다.

2000년 중국 진출 러시

우리나라가 1990년대 후반의 IMF 외환위기를 극복하고, 21세기 경제강

국으로 도약할 수 있었던 배경에는 이웃 중국이라는 존재가 있었다. 중국은 2000년을 전후해 14억 인구와 WTO 가입을 통해 세계시장에 본격 데뷔하였고, 8% 전후의 성장세를 지속해 한국에 활로를 제공했다.

서해 바다 바로 건너 산둥반도에만 5,000여 개 이상의 우리 기업이 집중 진출해 현대판 '신라방'을 만들었고, 이들 장보고 후예의 현지 위상과 기반은 드높기만 했다. 현재도 한국 수출입의 1/4이 세계의 제조공장 중국과 연결되어 있고, 중국의 경제성장률이 1% 하락하면 그 절반 정도가 우리 성장률에 직결된다 할 정도로 우리 경제의 대중국 의존도는 절대적이다.

2010년대 베트남 진출 러시

2010년대에 접어들면서 우리 기업과 기업인들은 베트남으로 눈을 돌렸다. 인건비 상승과 경쟁 격화 등으로 중국의 사업 환경이 악화된 가운데, 저임금과 미래 시장 가능성, 문화적 유사성, 베트남전 참전에 따른 향수 정서 등이 어우러져 2010년을 전후로 우리기업의 대 베트남 투자 러시가 시작되었다.

이후 우리 기업들의 베트남에 대한 애정과 관심은 각별해졌다. 우리 대기업 한 곳이 베트남 전체 수출의 20% 전후를 담당하고 있고, 남부 호치민, 북부 하노이, 그리고 최근의 중부 다낭까지 우리 기업의 투자는 베트남 전역으로 확산되었다. 그리고 베트남은 일본을 추월해 한국의 제3 수출대상국으로 부상했다.

현지 우리 기업들은 인허가 등 베트남 정부와 관계에서, 그리고 우리기업

간 협력에서 마치 한국 내에서 기업을 운영하는 듯한 환경을 만들어내었다.

중국 · 베트남을 대신할 인도

그러는 사이 사드 배치의 후유증이나 현재 진행형인 미중 간 무역분쟁 등의 여파, 5%대로 낮아진 성장률 등으로 중국의 매력은 점차 줄어 들어들 었는데, 덩치와 자부심이 커진 중국 기업인과 정부를 대하기도 힘들어졌다. 이에 따라 우리 기업의 대 중국 수출과 투자도 그 기세가 크게 꺾이고 있다.

그러나 베트남 역시 몰려드는 우리 기업들끼리 과당경쟁과 중국에서와 같은 정치적 리스크의 재현, 꺾어지는 성장세를 우려하는 목소리도 높아지고 있다.

그런 면에서 인도는 우리 기업의 대 중국, 대 베트남 교역 및 투자를 보완, 대체할 마지막 남은 경제대국이다.

14억 명의 인도는 인구 면에서 중국과 비슷하지만, 평균 29세의 젊은 인구구성을 자랑한다. 30세 미만 인구가 약 30%에 달하고 이 비중이 가장 큰 인도의 항아리형 인구 구조는 이들이 구매력이 가장 큰 30~50대로 이동할 때까지 향후 20여 년 간 인도의 구매력과 성장세를 담보하는 가장 큰 설명변수다.

인도는 또 인도아대륙에서 명멸했던 그 수많은 왕조, 종족, 언어, 종교를 아울렀던 관용과 조화 전통으로 뼛속까지 민주국가이다. 우리나라의 33배에 달하는 국토면적에 각 주별 자치 전통이 뿌리 깊다. 그래서 소비에 트나 중국의 일당제 상명하달 행정시스템은 인도에서는 원천적으로 불가

구자라트 주 소재 포스코 가공공장. 한국 대기업들이 진출해 성공적으로 안착했지만 인도의 외국인 투자에서 한국기업이 차지하는 비중은 0.9%에 불과하다. 필자 직접 촬영.

능하다. 인도는 적어도 중앙정부 차원에서의 정치적 리스크 프리 존(Free Zone)이다.

민주주의와 모디라는 지도자

중국에 개혁개방의 설계사 등소평이 있었다면, 인도는 독립 후 최고의 스트롱맨(Strongman)이라 불리는 모디(Modi)라는 걸출한 지도자를 지니고 있다. 사심 없는 개혁과 인프라, 제조업, 외국인 투자, 디지털, 스타트업으로 표현되는 실용주의 노선으로 코로나19 사태 이전까지 5년 간 7%가 넘는 성장세를 주도했다. 세계은행의 '기업하기 좋은 환경' 지수도 5년 전 120위에서 2019년 63위로 급속히 호전되고 있다.

2019년 5월 총선 집권당(BJP) 자체만으로도 과반수를 훨씬 넘는 의석을 확보, 독립 이래 유례가 없는 강력한 지지기반을 구축했다. 등소평이 20년의 시간을 가졌다면, 모디 총리는 지난 5년을 포함해 최소 10년~15년, 자신의 시간을 가질 수 있다.

모디 총리 신동방 정책의 모델 국가는 한국이고 우리의 신남방정책이 교차해, 한-인도 정상, 정부 간 유대관계도 역대 최고다.

인도 외국인투자에서 한국 비중 0.9% 불과

1990년대 중반 이후 삼성전자, LG전자, 현대자동차, 포스코 등 우리 대기업과 그 협력기업이 성공적으로 안착해 현재 700여 기업이 안정적인 성장세를 이어가고 있고, 한국기업과 기업인에 대한 평가도 최고조다. 밀려오는 우리 기업의 투자, 사업 상담과 관심에서 탈 중국 우리기업의 다음 지향지가 인도임을 실감하고 있다.

중국은 주춤 내지 하향세이고 '젊은 인도', '민주 인도'는 상승곡선에 올라탔다. 베트남에 대한 우리 기업 투자도 국가, 기업차원의 포트폴리오 전략을 요구하는 목소리도 커지고 있다.

아직 한국기업의 대인도 투자 규모는 일본의 1/10 수준이고, 인도의 외국인직접투자 유입 누적액 대비 한국의 비중은 0.9%에 불과하다.

2000년 이후 10년 주기로 이동하는 우리기업의 해외투자 변곡점 흐름과 인도의 부상으로 2020년대 우리 기업의 해외투자에 있어 인도는 제2의 중국, 제2의 베트남이 되어 갈 것이다. 이데일리 : 2019년 11월 1일

2021, '모디노믹스'의 재도약을 기대하며

· · · · · · · ·

　2020년 코로나 여파로 −7.0%란 독립 후 최저 성장률을 기록한 인도경제는 2021년 11% 성장해 세계에서 가장 높은 성장을 보여줄 것으로 전망된다.

　모디노믹스는 1947년 인도 독립 후의 지배적인 민주 사회주의정책 대비, 제조업과 인프라 강화, 외자유치를 통해 우선 빵의 크기를 키우자는 독립 후 가장 기업 친화적이고, 개방적인 '인도판 대처리즘' 정책이다.

　"모디 정부 이전에는 일반적으로 10시에 출근하고 호텔내 식사도 임의로 할 수 있는 등 여유 있고 대접받는 시간이었다. 이제는 총리실에서 설치해 놓은 전자 지문인식 출퇴근시스템과 의무화된 청사 내 구내식당 이용, 매일 새벽 4시에 일어나는 총리에 체화된 총리실의 구체적인 수치와 성과 요구로 매일이 긴장의 연속"이라는 어느 중앙정부 고위 관리의 푸념 어린 전언

〈타임(Time)〉지 표지의 모디 총리(2015. 5).

은 모디 및 모디노믹스가 지난 5년 인도에 가져온 변화를 상징한다.

인프라 집중 투자, 외국인 투자 유치를 통한 제조업 부흥과 산업경쟁력 제고, 행정기강 개선 등 구자라트 주 정부 시절의 13년간 경험과 성과의 전인도 버전이다. 재임 중 7.4%의 고성장으로 모디 총리는 해외는 물론 인도 산업계와 국민의 강력한 지지를 받아 왔다. 이런 성과와 지지에 모디란 인물이 제시하는 청렴성과 카리스마가 2019년 5월 전체 하원의석 543석 중 303석의 안정 과반수로 약진한 모디 2기 정부를 재출범시킨 힘이었다.

인도 모디 1기 5년 기간 중 인도의 기업경영환경지수(World Bank, Ease of Doing Business Index) 순위는 세계 130위에서 63위로 유례없는 결과를 실현했고, 2기 기간 중 이를 40위권까지 끌어내리기 위한 개혁 정책을 지속하고 있다.

다행히, 코로나로 인한 국가 전면 록다운이 진행된 2020년 2/4분기 −24% 성장률 이후 3/4분기 −7.7%로 급속 회복 추세에 있고 1조4000억 달러를 향후 5년간 인프라 부문에 투입시키는 재정 조치들이 구체화되고 있다.

2019년 말 도입된 신설 제조업에 대한 15%라는 세계 최저 수준의 법인세 인하 조치와 전자, 전기를 포함한 12개 전략분야에 대한 생산연계 인센티브(PLI: Production Linked Incentive)를 통해 우리 삼성전자, 폭스콘(Foxcon) 등 중국에 기반을 가진 다국적 기업의 투자가 가속도를 받고 있다.

코로나 여파로 2020년 전 세계 해외직접투자가 전년 대비 40% 이상 감소했음에도 인도로의 투자는 13% 가까이 늘어난 600억 달러에 달한 바 있다. 인도-중국 간 국경분쟁 여파와 모디 정부의 'Self Reliant India' 정책으로 중국기업이 자리를 내어주고 있는 빈 공간을 페이스북(Facebook), 구글(Google) 등 미국계 기업이 자리를 채워가고 있다.

삼성전자는 2019년 인도를 세계 제1의 스마트폰 제조기지로 구축한 바 있고, 기아차의 40만 대 공장 신설로 기존 현대차 1, 2공장을 합해 연산 110

2020년 주요국 해외직접투자(FDI) 변화(증가율, %)

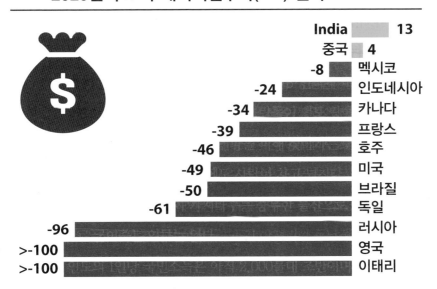

국가	증가율
India	13
중국	4
멕시코	-8
인도네시아	-24
캐나다	-34
프랑스	-39
호주	-46
미국	-49
브라질	-50
독일	-61
러시아	-96
영국	>-100
이태리	>-100

2020년 코로나 와중에도 대인도 외국인직접투자 13% 증가(자료 : UNCTAD).

만 대 생산기지를 인도에 구축해 2020년 중 최초로 20% 이상의 시장점유율을 기록하고 있다.

일본, 중국은 서부 구자라트에 기구축한 자국 전용공단의 본격 가동에 박차를 가하고 있고, 200억 달러 이상을 투자한 미국의 아마존(Amazon), 월마트(Wallmart)는 20% 이상 성장할 인도 전자상거래 시장 확대에 심혈을 기울이고 있다.

2021년, 우리 신남방정책의 핵심국가, 인도의 모디노믹스가 재도약하는 모습을 기대하고 기원한다.

이데일리 : 2020년 1월 18일

*2021년 3월 시점으로 이데일리 게재원고를 수정함

인류사 최초의 실험, 14억 인구의 8주간 통금

코로나 바이러스 확산에 대응해 14억 인구의 인도가 2020년 3월 24일 자정을 기해 향후 8주간 전 국민의 이동을 금지하며, 자택 격리하는 국가봉쇄로 전격 전환했다.

이에 따라 25일 새벽부터 인도 전역에 걸쳐 약국, 병원, 식료품, 주유소 등 생존 필수분야를 제외한 모든 상점, 사무실, 공장, 식당이 문을 닫았다. 화물기를 제외하고는 국제선은 물론, 인도 국내선 여객기의 이착륙이 동결되고 도시 내, 도시 간 대중교통과 인도 내 주요 물류도 동결됐다.

평소 자동차와 릭샤(삼륜 오토바이)가 뒤엉켜 홍역을 앓던 주요 도로와 길거리는 소와 개들이 활보하고 인적이 거의 끊긴, 영화 속 유령의 도시가 되었다.

인도 총리의 대국민 담화가 발표되었던 2020년 3월 24일 바이러스 들불이 전 세계로 옮겨 붙을 때, 인도 내의 코로나 바이러스 확진자수 공식통계는 519명으로 한국은 물론, 중국, 미국, EU에 비해 턱없이 적었다.

이 정도 상황에서 14억 명의 국가가 전국적 단위에서 3주간 국가봉쇄와 통금, 자가격리라는 세계사에 유례가 없는 초강경책을 쓴 이유는 역사적 교훈과 인도의 의료 · 생활 현주소, 정치적 리더십이 복합된 결과라 할 수 있다.

인도가 대영제국 하에 있던 1918년 여름, 전 세계 1억여 명의 사망자를 가져 온 스페인 독감사태 당시, 인도 서부의 관문, 봄베이(현재의 뭄바이)로 상륙한 이 바이러스는 4개월 만에 당시 인도아대륙 인구의 약 1/7인 1,400만 내외의 목숨을 앗아갔다.

1992년 인도 북서부 구자라트 주 제2의 도시, 수랏(Surat) 시에 창궐한 전염병 당시, 초기 대응 실패와 유언비어로 수백만 시민이 아비규환을 경험했다. 당시 구자라트 주에서 정치 수업 중이던 중년 모디가 목도했던 사건이다.

현재 인도의 인구는 14억 명으로 중국에 버금가며, 1인당 평균소득은 약 2,200 달러, 전체 GDP는 약 3조 달러에 달하는 세계 5위 경제대국으로 부상했다.

그러나 인도는 전체 부의 60% 가까이를 상위 1%를 차지하는 데 반해 하위 70% 인구가 전체 부의 5%를 나누어야 하는 빈부격차로 몸살을 앓고 있다.

중국, 미국, EU에서 진행되는 확진세가 현 인도의 의료여건과 밀집된 주

코로나19로 인한 락다운(Lock down)으로 인적이 끊긴 델리 위성도시 구르가온 도로(2020년 4월). 필자 직접 촬영.

거환경 하에서 발생할 경우, 지구적 재앙이자, 모디 총리가 언급했듯이 인도는 21년 후퇴한 나라가 되어 있을 것이다.

　모디 총리는 1947년 독립 후 인도 정치계를 지배했던 네루를 위시한 브라만 상류층 출신이 아니다. 졸업 후 구자라트 암다바드 시 역전 길거리에서 부모님이 운영하던 짜이(차)점을 잠시 도왔던 상인가문 출신이다.

　그래서 실용적이며 대중에게 어떻게 접근해야 하는지를 안다. 관료들을 어떻게 다루는지를 안다. 'Make In India', 'Clean India', 'Digital India', '100대 Smart City', '15년 내 국민소득 4배 증가' 등 국민에게 던지는 공약과 메시지도 명쾌하고 매력적이다.

독립 인도의 아킬레스건인 잠무 카슈미르(Jammu & Kashmir) 주 특수지위 철폐 및 시민법 개정, 화폐개혁과 간접세 통합 조치 등은 그 찬반과 효과를 떠나 인도 독립 후 가장 강력하고 카리스마 넘치는 정치지도자라는 모디가 아니면 불가능했고, 이번 국가봉쇄 및 자가격리 조치도 그 연장선이다.

그러나 뉴델리, 뭄바이 등 인구 2,000만 명을 넘는 인도의 주요 대도시를 떠받치고 있는 기저계층은 1억2,000만 명에 달하는 시골출신 이주 노동자들이다. 하루 벌어 하루를 살아야 하는 이들 기저계층에게는 코로나19 감염보다도 내일의 생계가 더 걱정이다. 코로나에 가장 취약한 이들 집단에 대한 식량, 생계지원 대책이 같이 면밀히 기획, 추진되어야 한다.

코로나 여파로 삼성전자가 구축한 세계 최대 스마트 폰 공장, 세계 제일 생산을 목표로 구축하던 현대기아차 자동차 공장, 인도 신부 최고의 혼수품이던 LG전자 가전제품 공장 등 인도에 입지를 둔 700여 우리 기업과 공장이 멈추어 섰고, 자가 격리 중인 1만2,000여 우리 교민, 주재원, 공관도 이 난국 돌파의 지혜를 모으고 있다.

1992년 전염병 홍역을 치렀던 수랏(Surat)은 이제 세계 다이아몬드의 90%를 가공하고 인도 섬유산업의 2/3를 차지하고 있으며, 특히 인도에서 가장 청결한 도시로 탈바꿈했다.

인도라는 14억 대국에서 진행되고 있는 인류사적 실험이 성공리에 끝나, 인도가 더 안전하고, 더 커진 G2, G3 예정로로 회귀하기를 기원한다.

이데일리 : 2020년 3월 30일

[후기] 2020년 3월 25일 새벽을 기해 발효 3개월간 지속된 인도의 코로나 전면 락다운(Lock down)은 당초 목적했던 소기의 성과를 거두지 못했다. 2021년 3월 현재 인도의 공식 코로나19 누적 확진자 수는 1,100만을 넘어섰고, 3개월 락다운 여파로 2020년 인도경제는 7% 이상 후퇴했다. 코로나 취약계층인 도시빈민 및 이주 노동자 대책이 면밀히 동반되지 못했다는 아쉬움이 많았다. 다만, 인도의 열악한 밀집 주거환경과 행정체계, 28개 주가 사실상의 독립국가처럼 운영되는 인도의 행정, 정치시스템 상 인도 내 코로나19 확산은 인간의 힘으로는 통제가 불가능했을 것이라는 지적에 많은 사람이 동의하고 있다.

Covid 19는 중국發 인도向
글로벌 투자의 기폭제

#1. 2020년 1~2월 미국 450개 대기업 CFO 설문조사 결과, 76%가 중국 밖으로 공급망을 이전했거나 이전할 계획이 있으며, 인도는 이들 기업의 최우선 고려대상국이다. 2020년도 인도의 외국인직접투자는 1,750억 달러로 예측되며 이는 전년도의 850억 달러의 2배 수준이다.(UBS, 2020년 2월 보고서)

#2. 미국 아마존(Amazon)의 향후 5년 전자상거래 10억 달러(2020. 1), 미국 마스터카드의 향후 5년 연구개발 투자 10억 달러(2020. 1), 프랑스 토탈(Total) 사의 인도 최대 가스회사 아다니 가스(Adani Gas) 지분 38% 인

수 8억 달러(2019. 10), 사우디 아람코(Aramco)의 인도 최대석유화학 기업 릴라이언스(Reliance) 지분 20% 인수 150억 달러(2019. 8) 등 지난해부터 글로벌 기업의 대인도 투자가 본격화되고 있다.(IBEF, India Brand Equity Foundation)

#3. 중국은 지금까지 세계 원재료, 부품의 1/3을 담당하는 세계의 공장이었다. 그러나 이번 코로나 바이러스 사태를 계기로 글로벌 기업들의 리스크 분산 움직임이 본격화될 것이며, 인도는 이러한 공급망 재편 흐름의 가장 큰 수혜국이 될 것이다.(Pramoth Sharma, Chairman of Fifth Avenue Group)

2년 이상 지속되고 있는 미중 간 무역분쟁과 세계경제 주도권 쟁탈전으로 중국 대체 투자처로 인도의 전략적 중요성이 높아지는 가운데, 이번 코로나 바이러스 사태 여파로 탈중국 글로벌 기업의 대인도 투자 가속화를 전망하는 의견들이다.

중국의 인구는 14억5,000만 명이며 인도는 13억8,000만 명(2020년 기준)이다. 중국의 국토면적은 1,000㎢로 인도의 약 3배다. 인도보다 12년 앞서 1979년 시작된 중국의 개방정책과 강력한 중앙집권 시스템을 배경으로 중국의 전체 GDP 및 1인당 GDP는 14조 달러, 10,000 달러로 급성장했다. 전체 생산 및 1인당 평균소득 모두, 인도의 5배 정도다.

제조업 실력 차도 크다. 이번 코로나 바이러스 사태로 원재료 부품을 거

인도는 시장 규모, 성장성 및 인력조달 면에서 중국을 대체할 거의 유일한 국가다. 인도 정부는 법인세 인하 등 중국 진출 글로벌 기업들을 유치하기 위해 애쓰고 있다. 사진은 2019년 완공된 기아자동차 현지 공장. 기아자동차 인도법인 제공.

의 중국에 의존하는 의약, 전자, 전기, 자동차 분야 인도 토종기업 및 인도 진출 외국기업이 많은 애로를 겪고 있다. 인도의 대중국 무역적자는 인도 전체 무역적자의 1/3에 달하는 550억 달러 내외이고, 지난해 인도 휴대폰 시장의 60% 이상을 샤오미(Shaomi) 등 중국산이 차지했다.

양국은 대국이라는 경쟁의식이 뿌리 깊은 가운데, 인도 잠무 카슈미르(Jammu & Kashimir)와 동북지방에서 영토분쟁을 겪고 있다. 미국 주도의 환태평양-인도 전략에 맞서 중국은 파키스탄, 스리랑카, 방글라데시를 엮는 '진주목걸이 전략'으로 인도를 포위하려 하고 있다.

이런 가운데 세계경제를 둘러싼 미국과 중국의 무역전쟁과 주도권 쟁탈전은 인도에 유리한 환경이다. 2020년 2월 미 트럼프 대통령의 인도 방문을 계기로 추진된 인도-미국 FTA는 인도 경제와 제조업 역사의 획을 긋는 전기가 될 것이다.

인도는 14억 명에 육박하는 인구, 특히 중국보다 10년 이상 젊은 28세의 평균 연령에 지난 5년간 6% 전후의 고성장으로 중산층이 급증하고 있다. 시장 규모, 성장성 및 인력조달 면에서 중국을 대체할 거의 유일한 국가다. 민주적 전통과 다양성 선호 문화, 자치 전통으로 중국과 같은 정치적 리스크도 매우 적다.

모디 1기 및 2기 정부의 대표 정책 브랜드인 'Make In India'는 인도를 중국에 버금가는 세계의 공장으로 변모시키겠다는 것과 동의어다. 모디 정부의 지난 5년간 개혁정책은 인도의 사업환경용이지수(세계은행 : Ease of Doing Business) 국별 순위를 5년 전 세계 130위에서 지난해 63위로 가장 크게 끌어 내린 바 있다.

2020년부터 일반 법인세를 8% 인하한 22%, 특히 2023년까지 신설 제조 법인에 한해 적용될 세계에서 가장 낮은 수준의 15% 법인세로 중국 진출 글로벌 기업을 유혹하고 있다. 외자유치 걸림돌인 인프라 개선을 위해 2020년도 세출 중 500억 달러 이상을 도로, 항만, 공항 등 인프라 개발과 낙후 농촌개발 분야에 투자한다.

삼성전자는 2018년 중국의 시설을 인도로 옮겨, 연 1억2,000만 대의 세계 최대 휴대폰 생산시설을 인도 북부에 구축해 놓았다. 현대자동차의 25년 인도 성공 역사에 이어 2019년 하반기 기아자동차도 연산 40만 내 공장을 인도 중남부에 완공, 셀토스, 카니발 모델을 성황리에 판매, Top4로 자리잡았다.

이데일리 : 2020년 3월 11일

인도 전자상거래 시장의 신삼국지

1년여 지속되고 있는 인도의 코로나 여진 속에서도 전자상거래 시장은 제약, IT와 함께 인도경제의 회복흐름과 성장세를 주도하고 있는 3대 분야다.

인도 브랜드자산재단(India Brand Equity Foundation : IBEF) 2019년 12월 보고서에 따르면 인도의 인터넷 사용자 수는 2017년 4억4,000만 명에서 2021년 8억3,000만 명으로 증가한다. 전자상거래 시장 규모도 2017년 380억 달러, 2024년 2,000억 달러를 거쳐 2034년 인도는 미국을 제치고 세계 2위의 국가가 될 것이다. 이 보고서 이후인 2020년의 코로나 사태와 이로 인한 언택트(Untact) 소비 확산세를 감안하면 이러한 성장세는 더욱 가속화될 것이다.

현재 우리나라 전자상거래 규모 연 1,000억 달러나 중국과 미국의 1조 달러대에 비해, 14억 인구 인도의 시장 규모가 동남아시아와 비슷한 600억 달러 전후인 점을 감안하면, 향후 인도의 발전 여지가 얼마나 큰 지를 가늠해 볼 수 있다.

현재 인도 전자상거래 시장은 Flipkart와 Amazon India, Snapdeal 3강 구도에 인도 최대 기업집단인 Reliance Limited India(RIL) 등이 가세하는 형국이다.

2007년 창업한 Flipkart는 초창기 인터넷 서점에서 출발해 전자기기, 패션, 가정용품 등으로 제품군을 확대하면서 연 매출 7조 원(2019년)이다. 미국계 Amazon의 자회사인 Amazon India는 2012년에 진출해 2019년 기준 연 매출 2조 원대다.

자체 브랜드로 진출한 온라인 강자 Amazon과 달리 인도시장에 연결고리를 찾지 못해 부심하던 Walmart는 2018년 5월 기존 인도계 경영진을 지속시키는 형태로 Flipkart 지분 77%를 인수했다. 160억 달러란 인도 역사상 최대의 FDI 금액을 지불하면서도 인도 시장을 놓칠 수는 없었다. 이외 일본계 소프트뱅크가 최대주주로 참여하고 있던 토종 Snapdeal을 합해 이 3대 기업이 인도 전자상거래 시장을 두고 각축했다.

향후 인도 전자상거래 시장의 변수는 인도 최대기업 Reliance Limited India(RIL)의 시장참여와 인도정부의 정책이다.

Amazon에 더해 Flipkart, Snapdeal 등 인도 토종 전자상거래 기업에 대한 해외자본의 인수가 급진전됨에 따라 2019년 중반부터 인도 정부는 외국

인도의 대표적 백화점 Central 전경(뉴델리). 필자 직접 촬영.

계기업에 대한 영업제한, 해외 온라인 직구매시의 해외원산지 표기 의무화 등 인도 토종기업 육성 정책들을 구체화하고 있다.

이러한 흐름에 동참하고 있는 곳이 인도 최대기업 RIL이다. RIL 회장이자 아시아 최대 부호인 Mukesh Ambani는 시장지배적인 석유화학, 통신분야 외 그동안 자회사 Reliance Mart를 통해 유통분야를 집중 육성해 왔다.

인도 통신시장은 20년 넘게 Airtel, Vodafone의 양강체제였다. Mukesh Ambani는 이 과점시장에 1/10가격, 데이터 무제한 사용 등 파격적인 조치를 도입, 자회사 Reliance Jio를 창립 5년 만에 인도 1위 통신사로 도약시키고 소비자 접근성에 혁명을 가져온 검증된 사업가다. 이 Jio의 3억5,000만

고객기반과 기존 Reliance Mart를 통해 다져진 유통 노하우를 결합해 2019년부터 전자상거래 시장 진출을 가속화하고 있다.

인도 정부의 명시적, 암묵적 지원흐름과 Reliance와 Ambani 회장에 대한 기대, 인도의 시장 성장세가 코로나 사태가 악화일로이던 2020년도에 자회사 Reliance Jio Mart가 Facebook, Google의 150억 달러 지분투자를 유도한 원인이다.

이외 한국계 싱가포르 기업 Qoo10(대표 : 구영배)이 2019년 11월 인도 4위 온라인 종합쇼핑몰 Shopclues와 물류 자회사 Momoe를 인수한 것도 주목해야 한다.

외국계 자본의 인도 토종기업 인수 흐름에 대응해 인도정부는 2019년 2월 외국계 전자상거래 기업은 자사가 지분을 가지고 있거나 독점계약을 맺은 기업제품을 취급할 수 없게 했다. 지금까지 인도 인터넷 시장에 100억 달러 전후를 투자한 Amazon India와 Flipkart 지분 2/3를 160억 달러에 인수한 Walmart에 큰 타격이 가는 조치였다.

Qoo10의 Shopclues 인수는 이러한 흐름 속 피크 대비 20~30%로 떨어진 기업가치, 동남아는 물론 일본과 한국에서 검증된 Qoo10의 노하우와 서비스 문화를 이 전략시장에 접목키 위한 시도라 볼 수 있다.

현재 Shopclues는 기존의 Tier 3, 4와 같은 소도시, 농촌 공략 모델에서 한국산 판매 확대를 통한 브랜드 이미지 세고, 인도제품의 해외수출 확대, 인도를 포함한 동서남아 물류망 통합을 핵심방향으로 추진 중이다. 특히 한국산 프리미엄 소비재 특화 쇼핑몰로의 탈바꿈을 위해 Shoplcues 내

2019년 11월 한국계 Qoo10이 인수한 인도 4대 종합전자상거래 기업 Shopclues. 출처 : Shopclues 홈
페이지.

K(Korea)-Avenue란 한국상품 전용몰을 개설하는 등 코트리와의 협력을
강화하고 있다.

이와 같은 종합몰외 식품의 Big Basket, 안경의 Lenskart, 의류의
Myntra, 뷰티 Nykka 등 전문 전자상거래 몰의 성장세도 가파르다.

특이하고 재미있는 현상은 이 인도 전자상거래 시장도 인도 상인집단의 본류 마르와리(Marwari) 가문이 지배하고 있다는 점이다.

Flipkart의 Sachin Bansal과 Binny Bansal, Snapdeal의 Rohit Bansal, Myntra의 Mukesh Bansal, Lenskart의 Pyush Bansal 등 선도기업의 젊은 창업자그룹 모두 Bansal 소가문 출신이다. Bansal과 인도 최고의 공과대학 IIT(Indian Institute of Techonology)이 공통 배경이다.

인도 최초의 전자상거래 기업 India Mart의 Dinesh Agarwal, 4위 종합 쇼핑몰 Shoplcues의 Sandeep Agarwal 등 마르와리 그룹내 16개 소가문의 맏형 격인 Agarwal 소가문도 핵심 그룹이다.

미국, 중국에 비해 10년 이상 젊은 나이와 신흥 중산층의 확대, 코로나가 가져 온 언택트 소비 관행 확산은 향후 20년 이상 이 시장의 고성장세를 담보할 기본 동력이다.

향후 15년 내 세계 2위로 성장할 인도 전자상거래 시장, 어떻게 준비하고 협력하는가가 K(Korea) Premium 소비재의 대인도 수출확대의 관건이다.

이데일리 : 2020년 5월 18일

Covid-19로 도약하는 인도 제약산업

:
:
:
:
:
:

세계 복제약 20%, 백신 50% 담당 '제약강국'

하이드록시 클로로퀸(HCQ). 코로나에도 효능이 있다는 트럼프 대통령의 언급 이후 수요가 폭발하고 있는 말라리아 치료용 일반의약품이다. 미 대통령 요청 이후 수출허가가 풀려, Zydus, Ipca 등 인도 내 주요 HCQ 기업은 2020년 5월 말까지 생산능력을 6배인 월 70톤까지 확대하는데 분주하다. 이를 통해 월 3.5억 정을 생산, 1억 정은 인도 내수용, 나머지는 수출용으로, 미국을 포함한 50여국에 수출 중이다.

인도 제약산업은 전 세계 제네릭스(Generics)[4] 수출의 20%(물량기준),

---

4) 신약으로 개발한 약이 특허기간이 만료되어 동일성분으로 다른 회사에서 생산하는 약.

백신의 50%를 공급한다. 인도는 연 200억 달러 규모의 세계 최대의 복제약 수출국이다. 인도는 물론 아프리카, 중남미 등 여타 개도국과 선진국 내 저소득층에게 생명과 직결된 필수품이다.

현재 인도에는 약 2만4,000여 제약기업이 있다. 이중 매출액 1위(2조 원) Cipla, 시장가치 1위(16조 원) Sun Pharma 등 250개 기업이 시장의 70%를 지배하고 있다. 수출입이 편하고 자금조달이 쉬우며 뿌리 깊은 상인정신을 갖춘 암다바드, 뭄바이 등 인도 서부에 집중되어 있다.

1970년의 공정특허 도입과 기업가정신의 합작 성공사례

의약품 및 의료 분야는 사람의 생명을 담보로 하고 있고, 환자와 의료 서비스 공급자간 정보 비대칭성이 가장 큰 분야의 하나다. 특허 허용범위와 방법, 기간 등에 있어 선발자와 후발자 간, 개발자와 일반 공중 간 이해 조정이 첨예하기 대립하는 분야이기도 하다. 해서 국가의 제도적 설계, 정책적 개입 내지 지원, 국제간 이해조정이 어느 분야보다도 긴요한 분야다.

인도의 최초 특허법(1911년)은 영국 식민지 시절 제정돼, 영국의 이익을 반영하는 제품특허(Product Patent)만 허용하고 있었고 이 영향으로 인도 독립 당시 인도 제약산업은 영국 기업의 지배를 받고 있었다.

그러나 1970년 인도 자체특허법 제정을 계기로 결과물은 같아도 제조과정상의 혁신을 특허로 인정하는 공정특허(Process Patent)를 허용하면서부터 인도 제약산업이 본격 태동하기 시작했다.

이 특허법 도입을 전후로 Alken(1973), Sun Pharma(1983), Dr.

모디 인도 총리가 2020년 11월 푸네에 소재한 세계 제일의 백신 생산기업 SII(Serum Institute of India)를 방문해 격려하고 있다. 출처 : 인도정부 홈페이지(www.pmindia.gov.in/en).

Leddy's(1984), Aurobind(1986) 등 현재의 선도기업이 20년 특허만료가 지난 일반 복제약을 생산하기 시작, 10억이 넘는 인구로 뒷받침되는 인도의 규모의 경제와 풍부한 연구, 제조인력을 배경으로 본격 성장하기 시작했다.

1995년 WTO 출범을 계기로 WTO 가입의 전제조건으로 인도에게도 가입이 강제된 TRIPs(Trade Related Intellectual Property Rights)는 제품특허만을 허용하고 있었다.

'5년 + 5년', 10년의 개도국 유예기간을 지난 후인 2005년에 인도가 고안한 개정 특허법상의 제품특허와 공정특허 병행도 또 다른 선기였다.

이때 국제 제약업계에서 유명한 인도 특허법 '3D 조항' 신설을 통해, 기특허제품상에 Therapeutic Efficacy(치료 효능)가 없는 한 인도 내 특허 연장을 불허한다는 조항을 신설한 바 있고, 이 3D 조항은 브라질 등 서구 다국적 기업의 특허공세에 대응하는 조항으로 각광받았다. 아직도 미국, 유럽 등이 인도와의 FTA 체결 시 가장 역점을 두고 있는 분야이기도 하다.

제약분야 다국적 기업 노바티스(Novartis)와 인도 정부간의 15년을 끈 특허분쟁에 대한 2014년 판결에서 인도 대법원은 20년 특허기간 만료 전 공정, 제품상의 사소한 변화를 통해 특허를 연장해 왔던 다국적 제약기업의 특허영구화(Evergreening of patent) 관행에 경종을 울린 바 있다.

현재 인도는 미국 대비 2/3의 복제약 원가 경쟁력을 보유하고 있다. HCQ의 현 인도 내 제조단가 Rs 3(약 50원) 이내는 인도 제약산업의 규모의 경제 효과와 원가 경쟁력 사례다.

코로나19, 인도 제약산업 도약의 전기

현재 인도는 복제약 원재료의 70%를 수입(연 35억 달러)에 의존하고 있고 이 수입의 70%를 중국, 특히 후베이성에 의존해 물류동결로 큰 애로를 겪은 바 있다.

인도 정부는 5,000억 원을 투입, 5년 내 의약품 원재료 국가단지 3곳을 신설했다. 또 의약원새료 생산에 대한 인센티브를 확대해 원료자급도를 높이고 중국의존도와 무역적자를 줄이는 정책을 시행 중이다. 3년 전에는 의약품 분야에 100% 외국인 투자를 허용했다.

1인당 50,000불에 달하는 평균소득을 자랑하는 미국이지만 비싼 약가와 천장에 닿는 치료비가 문제로 대두되고 있는 것과 달리, 인도에서는 2,200불 소득과 빈부격차로 브랜드명만 다를 뿐 거의 모든 약을 매우 저렴한 가격에, 처방전 없이 주변에 산재한 일반약국에서 구할 수 있다.

코로나19를 계기로 의약품, 백신에 대한 지구적 관심과 수요가 급증할 것이다. 세계의 약국 인도 제약산업도 큰 도약과 전기를 마주하고 있다.

헤럴드경제 : 2020년 4월 27일

코로나 속, 도약하는 인도 IT & ITeS 산업

인도를 대표하는 글로벌 3대 산업은 제약, 다이아몬드, 그리고 소프트 웨어다.

백신 생산이 본격화되면 세계 제일의 백신 제조기업 세럼(Serum Institute of India)을 포함, 세계 백신의 40%를 생산하는 인도는 중저가 백신을 고대하고 있는 세계 개도국이 기댈 거의 유일한 국가다. 세계 다이아 몬드 가공의 80% 이상을 중서부 수랏(Surat)을 중심으로 한 Hari Krishna Exports 등 인도계 기업이 독과점하고 있다.

수출액이나 인지도 면에서 가장 두드러지고 외환기여도가 결정적인 부 문은 소프트웨어를 중심으로 한 인도의 IT & ITeS(IT enabled Service) 산 업이다.

HCL 개발센터 전경(뉴델리 인근 노이다/2021년 2월). 필자 직접 촬영.

2019년 말 기준 인도의 IT 생산액 1,910억 달러 중 77%인 1,470억 달러가 수출소득이다. 인도 전체 상품무역적자 1,500억 달러를 커버하는 수준이고 인도 상품수출의 거의 절반에 해당하는 엄청난 금액이다.

중국이 세계의 상품 공장이라면 인도는 세계 소프트웨어 서비스 공장이다. 매년 2,000억~2,500억 달러에 달하는 미국 전체의 글로벌 IT 아웃소싱의 55%를 인도에서 조달하고 있다.

고용 인력도 직접 400만, 간접고용까지 합하면 1,000만 명, 매년 20만 명 이상의 신규채용으로 섬유에 이어 제2의 고용부문이자 인도의 최대 지식집약산업이다.

이런 인도의 IT산업을 대표하는 토종기업이 TCS(Tata Consulting Service), Infosys, Wipro, HCL Technology, Tech Mahindra의 '빅5'다. 현재 인도 IT업계는 미국, 유럽, 대양주 등 전 세계 80개국에 200여 해외법인과 1,000곳의 딜리버리 센터(Delivery Center)를 운영하고 있다.

인도 IT산업의 선두기업은 TCS로 인도, 그리고 세계적으로도 IT 서비스 개념이 없던 1969년에 출발했다.

파르시[5]계 기업으로 인도의 국민기업이자 가장 존경받는 기업군인 Tata 그룹 내에서도 인도 이공계 젊은이들이 제1 직장으로 가장 선호하는 기업이 TCS다. 150년 역사의 Tata 그룹 역사에서 1990년대 초까지의 50여년 재임기간을 통해 오늘날의 Tata 그룹을 일군 J.R.D Tata의 가장 큰 업적으로 꼽히는 기업이다.

1,000억 달러가 넘는 인도 제1의 주가총액 기업으로 이 한 기업의 시가총액이 파키스탄 카라치 주식거래소 상장 600여 기업 시가총액보다도 크다. 40만 명을 고용하고 있고, 연매출 150억 달러에 20% 넘는 순이익률로 100개 전후의 Tata 그룹 순이익 75%가 이 TCS 기여분이다.

Infosys는 인도 상권을 지배하고 있는 바니아(Baniya) 상인계급과 달리 사제계급인 브라민(Brahmin)계 기업이다. N.R. Narayanan Murthy 등 공동창업자 일곱 사람이 부인들의 결혼패물 저당금으로 1981년 뭄바이에

---

5) Parsi : 이란에 상륙한 이슬람 세력에 대행해 자신의 고유종교인 배화교(조르아스터교) 신념을 지키기 8~10세기에 걸쳐 인도 서북부 해안지역에 정착한 이주집단으로 현재 6만 명의 인구로 Tata, Godrej, Wadia, Cyrus 그룹 등과 높은 교육열로 세계에서 가장 성공한 소수민족집단.

서 시작해 1983년 벵갈루루로 이전한 후 세계적인 IT 기업으로 성장했다.

WIPRO의 과거 로고 및 현 로고.

전 세계에 걸쳐 20만 명을 고용하고 있고, 100억 달러대 매출에 22% 전후의 순이익율을 기록하고 있는 세계 소프트웨어 개발업계의 강자다. 막대한 부를 이룬 후에도 Narayana 등 창업자 대부분이 창업 초기의 20평대 아파트에 1,000cc 소형차를 손수 운전한 것은 인도 IT업계의 대표적 훈화다.

인도의 3위 ITes기업 HCL(Hindustan Computer Limited)는 1980년대 인도 최초의 고유 모델 PC를 개발한 이후 소프트웨어 기업으로 전환, 2020년 현재 100억 달러 매출에 16만 명을 고용하고 있다. 창업자 Shiv Nadar는 자신의 공유철학을 이어 이제는 인도 농촌, 환경운동의 대부로 활동 중이다.

인도 4위 소프트웨어 기업은 Wipro다. Sindu 상인[6]의 대표 기업으로 지금까지 250억 달러 이상을 기부한 아짐 프렘지(Azim Premji) 회장으로도 유명하다.

부모로부터 물려받은 식용유 기업(그래서 현 Wipro 로고가 해바라기 형상을 함)을 기반으로 연매출 90억 달러 전후의 소프트웨어 기업으로

---

6) Sindu 상인 : 인도 구자라트주 및 파키스탄 카리치를 잇는 Sindu 지역을 근거로, 내륙 중계무역 및 중동과의 국제교역, 신용을 통해 부를 축적한 서남아의 대표적 상인집단.

육성했다.

다양성을 특징으로 하는 인도의 대도시 중에서도 아시아의 실리콘 밸리이자 인도 IT, 소프트웨어 산업의 핵인 벵갈루루는 특별하다. 인도의 무더운 아열대 기후를 피할 수 있는 데칸 고원 남쪽의 해발 1,000 미터 대에 위치한 이 도시는 '아시아의 실리콘밸리'로 불린다.

연평균 섭씨 25도 전후의 인도 데칸고원 남부의 고원도시 벵갈루루의 기후와 Indian Institure of Science(IIS), Indian Institute of Technology(IIT) 등 주변의 영어를 사용하는 우수한 과학기술 인력을 겨냥해 미국의 텍사스 인스트루먼트(Texas Instrument)가 1985년 진출한 것이 시발점이었다.

이곳의 경쟁력이 입소문 나면서 진출 러시를 이루어 현재 MS, Apple, TI 등 〈포춘(Fourtune)〉에서 선정한 세계 500대 기업 중 400곳 이상이 이곳에 개발법인을 운영하고 있다. 주로 개발, 관리 인력으로 주재하거나 출장 중인 서구인의 구미에 맞춘 자유의 도시이고 또 현재 5만 개를 넘고 있는 인도 스타트업의 성지이기도 하다. 인도 2대 전자상거래 기업 플립카트(Flipkart), 아마존 인디아(Amazon India)는 물론, 30곳이 넘는 인도 유니콘 기업의 대부분이 이곳을 기반으로 하고 있다.

이곳 벵갈루루를 필두로 수도 뉴델리 남부 위성도시이자, 한국 교민들의 집중 거주지인 구루가온(Gurugaon), 인도의 경제수도 뭄바이(Mumbai), 데칸고원 중앙에 위치한 하이데라바드(Hyderabad)가 인도 IT & ITeS 산업 4대 도시다.

2000년부터 2020년 3월까지 인도 IT & ITeS 산업에 대한 외국인 직접투자(FDI) 누적액은 450억 달러로 전체 산업 중 2위다. 2019년 중 PE(Private Equity)가 493건 거래에 118억 달러를 투자하기도 했다.

공식 통계 기준 1,000만 명에 달하는 인도의 코로나19 확산 속에서도 인도의 IT & ITeS 산업은 약진하고 있다. 2020년 상반기만 해도 인도 IT산업의 전망에 대한 부정적 견해가 많았다.

기본적으로 인도 IT산업의 경쟁력은 'Cognitive Proximity'였다. 영어와 과학기술, 저임으로 무장된 인도에 기반을 둔 소프트웨어 인력을 미국, 유럽의 발주처에 출장이나 프로젝트 기간에 맞춘 단기 이주를 통해 고객 요구를 저렴하고, 신속하게 제공하는 모델이다. 그러나 코로나19 확산으로 국제선 항공이 끊기면서 이 'Cognitive Proximity[7]'의 약화를 우려하는 목소리가 컸었다.

그러나 급속히 확산되고 있는 전 세계 산업의 디지털화(Digitization) 확산과 화상상담 및 통신 확대, 90%인력의 재택 시스템 구축을 통해 2020년 인도 IT산업은 8% 성장했고, 2025년에는 현재의 배 수준인 3,500억 달러 매출을 목표로 하고 있다.

2000년대 초반만 해도 인도 주요 소프트웨어 기업은 전체 마케팅 전략 및 설계는 미국, 유대인이 주도를 하고 이중 일부 모듈(Module) 및 패키지(Package)를 하청 받는 수준에 불과했다.

그러나 노하우 축적과 자체 개발 노력이 합쳐지면서 이제 인도 소프트웨

---

7) Cognitive Proximity : 인식상 가까이 있는 존재라는 개념으로 IT학계 제시개념.

인도의 경제관문 뭄바이 바닷가. 인도 금융, IT, 물류, 유통의 중심지로 인도 중앙은행(RBI)이 위치해 있다. 필자 직접 촬영

어 기업은 전 세계를 상대로 자신의 개발 솔루션(Solution)과 패키지를 마케팅 하는 글로벌 ITeS 컨설팅 기업으로 성장했다.

현재 인도 IT업계는 블록체인, 인공지능, 클라우드, 자동화 등 급성장 분야에 대한 솔루션 및 서비스 패키지 개발에 박차를 가하고 있다.

IT, 소프트웨어 분야는 인도의 대표적인 산업정책, 산업단지 개발정책의 성공모델이다. 현재 400여개가 넘는 SEZ(Special Economic Zone)중 절반 이상이 IT & ITeS SEZ로 대부분 수출에 특화되어 운영되고 있다.

2020년 상반기 TCS는 미국의 다국적 소매체인 Wallgreen Boots로부터 15억 달러, 7월엔 Infosys가 다국적 금융투자기업 Vanguard로부터 15억 달러, HCL Technology가 Ericsson으로부터 6억 달러를 수주하는 등 수주물결이 이어지고 있다.

이에 따라 인도의 대표 ITes 기업의 주가도 급등하고 있다. 2021년 2월말 기준 전년 대비 TCS 25%, Infosys 60%, HCL 45%의 주가상승률은 코로나19로 각광 받고 있는 인도 제약산업 주요 기업 주가와 궤를 같이하고 있다.

우리나라 삼성전자, LG전자(이상 벵갈루루), 만도(구루가온) 현대자동차(하이데라바드) 등도 인도 내 S/W 개발 인프라를 지속 확대해 가고 있다.

이데일리 : 2020년 11월 21일

양날의 칼, 'Self Reliant India' 정책

· · · · · · ·

'Self Reliant India Policy'. 우리말로 '자주 인도 정책' 쯤으로 번역될 것이다. 코로나 확산으로 전 세계의 물류망이 흔들리면서 '탈중국' 공급망 재편 논의가 본격화되던 2020년 5월 초 인도의 모디 총리가 제시한 향후 인도의 산업, 경제정책의 핵심 비전이다.

발표 당시 '자주 인도'란 의미 그대로의 선언적 의미에 머물 것이라는 관측도 많았으나 이후 미중 간 충돌이 확대되고 6월 20일의 인도−중국 간 국경 유혈충돌을 거치면서 이 슬로건이 인도 정부가 작심하고 마련한 중장기 정책방향임이 점차 드러나고 있다.

중국의 대인도 직접 및 우회투자 금지(사전 허가), 틱톡(Tiktok) 등 224개의 중국 모바일 앱 퇴출, 인도 내 기존 및 신규 국책 프로젝트에 중국기업 참여 금지, 대형 TV, 타이어, 에어콘 수입금지(사전 허가), 중국산 및 우

Atmanirbhar Bharat
The Road Ahead

5 Pillars of Self-Reliant India

Economy	Infrastructure	System	Demography	Demand
Quantum jumps, not incremental changes	One that represents modern India	Technology driven	Vibrant demography of the largest democracy	Full utilisation of power of demand and supply

회수입 세관 검역강화, Solar Cell 등 태양광 관련제품 40% 기본관세 신설, 전자상거래 원산지 표기 의무화, FTA 원산지 증명 강화(수입자의 사전신고 의무화) 등이 주요 예이다.

대부분이 중국을 겨냥하고 있지만 타이어, TV, 한-인도 CEPA 원산지증명 신규 신고 등 한국기업들에게 미치는 영향도 현실화되고 있다.

인도 정부의 고민

1980년대까지의 우리나라가 그러했듯이 현재 인도는 대규모의 만성적 무역적자에 시달리고 있다. 연 3,500억불 수출 대비 5,200억불 이상의 수입으로 발생하는 연 1,700억불 무역적자를 4,000만 명의 해외거주 인도인(NRI:Non Resident Indian) 의 연 800억 달러대 송금과 세계적 경쟁력을 보유한 소프트웨어 기업이 벌어들이는 1,000억 달러 내외의 이전수입을 통해 보전하고 있다. 원유 등 화석연료를 연 1,500억 달러(인도 수입의 30%) 수입하고 있어, 국제유가 등락에 따라 인도 루피화 환율과 외환보유고가 출렁인다.

특히 2010년도 이후 중국의 대인도 수출과 투자가 급증하고 있는데, 2019년 기준 연 700억 달러를 인도에 수출하고 있는 반면 수입액은 150억 달러에 불과하다.

인도 전체 무역적자의 1/3 정도가 중국발로 인도 시장에서는 중국산이 완제품, 부품, 소재, 원재료, 기자재에 걸쳐 홍수다. 휴대폰 시장의 70% 정도를 샤오미, 비보, 오포 등 중국산이 차지하고 있고, 소형가전, 가구 타일 등 일용 소비재는 물론, 탈석유의 국가적 핵심사업인 태양광 부분은 기자재의 80%를 중국에 의존하고 있다. 물량 기준 세계 의약품 생산의 20%를 차지하는 인도 제약산업도 2020년 5월 이후의 중국발 제약원료(API) 물류난으로 홍역을 치른 바 있다.

1991년 인도의 경제개방 노력으로 내수기업이 그동안 많은 발전과 국제화를 이루었지만 현재 인도의 GDP내 제조업 비중은 중국이나 우리나라의 25% 이상 대비 매우 낮은 15%대에 불과하다.

중국-인도 간 12년의 개방시차와 강력한 중앙집권 행정시스템 차이를 고려한다고 해도, 현재 인도에는 중국의 화웨이, 알리바바, 텐센트와 같은 글로벌 기업이 없다.

석유화학의 릴라이언스(Reliance) 그룹과 타타컨설팅(TCS) 등 몇몇 타타 계열사와 인도 특유의 공정특허로 육성된 제약의 선 파르마(Sun Pharma), 소프트웨어 개발의 인포시스(Infosys) 등이 그나마 국제무대에 이름을 알리고 있는 기업들이다.

휴대폰은 현지 공장을 운영하고 있는 삼성전자와 샤오미 등의 영향력으로 대표기업 비데오콘(Videocon)은 파산했고, 1950년대 중반 제3세계 최초로 자체 엔진을 개발한 자동차 산업의 인도계 Tata, Mahindra, Asok Leymand, Eicher는 1980년대 합작 진출한 일본계 스즈키 자동차와 1990년대 중반 진출한 현대차, 지난해 투자한 기아자동차 합산 75%의 확고한 시장 점유율에 고전하고 있다.

이러한 중국기업의 지속적인 영향력 확대와 제조업의 부진은 14억 인구와 3조 달러의 GDP를 보유한 인구·경제대국 인도에 자국산업과 기업의 성장을 방해하는 가장 큰 위협요인이라는 지적이 그동안 꾸준히 제기되어 왔다. 참여를 고심했으나 막판에 미참여로 결론 난 RCEP(포괄적 경제동반자협정)에 논의 16개국중 인도가 유일하게 미가입한 이유도 중국에 대한 우려다.

5년 전 제시된 'Make in India' 내지 '제조 2030' 정책은 인도를 중국에 이을 세계의 제조공장화를 기본 방향으로 하고 있다. 이의 Version 2.0이 'Self Reliant India' 정책이다. 이를 위해서는 인도 시장 내 지배적인 중국산을 약화시키고 외국산에 대한 수입장벽을 높여가야 한다. 전기전자, 의약원재료, 태양광 등 12개 전략산업에 대해서는 신규매출의 5% 현금보조라는 파격적인 인센티브를 제공해서라도 인도를 세계적인 제조기지로 만든다는 정책구상이다.

수입규제 장벽은 더욱 높아질 것

18세기 영국과 유럽, 19세기 미국, 1980년대 중반까지의 한국이 그러했

뭄바이 소재 '인디아 게이트' 앞 바다. 인도 경제의 관문이다. 필자 직접 촬영.

던 것처럼 민족, 토종기업은 관세와 비관세 장벽을 높여서라도 인도는 자국 기업, 자국 제조업 육성 정책을 본격화 할 것이다.

따라서 앞으로도 인도의 대외정책은 더욱 더 규제적인 방향을 띨 것이다. 이미 시행되고 있는 타이어, 에어컨 외에 중국발 수입비중이 높은 전기, 전자, 기계류, 철강 분야 주요 수입 품목을 중심으로 한 관세·비관세 장벽을 지속 높여갈 것이고 이미 세계 2위 수준인 반덤핑 제소 공세도 더욱 강화될 것이다.

일차적으로 중국 제품이 타깃이겠지만, 한국제품도 이러한 흐름을 피해갈 수 없을 것이다.

우리기업, 교역을 넘어 투자진출·기술협력으로

이러한 여건변화로 볼 때 우리기업에게 주어진 '답'은 인도에 들어가서 현지화하는 것이다. 투자진출, 기술협력이 이 미래 G2 시장에 대처하는 우리기업의 지향점이자 방향일 수밖에 없다. 중상주의를 넘어 한-인도 교역은 우리 기업의 대인도 투자확대의 자연스러운 결과물로 여겨야 한다.

다행히 인도에 진출한 우리기업의 성과는 세계 여타 지역에 못지않다. 일찌기 1990년대 중반에 공장을 투자한 현대자동차, 삼성전자, LG전사 등 우리 대기업의 그동안의 성과와 현지 평판은 탄탄하다. 삼성전자의 인도 내연 매출액은 100억 달러를 넘어 인도 내 제1의 외국계 기업으로 자리매김 했고 인도 내 반중정서 확산으로 2020년 2분기 이후 스마트폰 1위를 회복했다. LG전자도 에어컨, 세탁기, 냉장고 등 가전 1위 기업의 입지를 확실히

하고 있다. 인도 남부 첸나이 인근에 연산 70만 대의 생산설비를 구축해 놓은 현대자동차는 약 1/3을 해외로 수출, 자동차 분야 제1 수출기업의 입지를 확고히 하고 있고, 기아차도 공장가동 1년 만에 인도 SUV 시장 강자로 자리매김했다. 효성도 인도 중서부 신설공장을 통해 인도 비스코스 섬유의 70%를 공급하고 있다.

우리 중견·중소기업의 지혜

문제는 우리 중견, 중소기업이라 할 수 있다. 대기업의 경우 확보된 브랜드와 자금, 조직력으로 여러 어려운 인도 사업 환경을 잘 극복할 수 있었다. 대기업 선단 내지 후광효과를 통해 200여 개가 넘은 협력기업을 동반 진출시켰다. 그러나 아직도 많은 우리 기업이 인도에 대해 사업하기 어려운 나라, 살기가 어려운 나라라는 인식이 강하다. 일면 맞지만, 왜곡 과장된 측면이 너무나 많다.

인도 투자 시의 가장 큰 어려움으로 제시되는 것이 각종 인허가, 운영상의 규제와 중국식의 강력한 집행체제 부족이다.

그러나 구자라트 주 총리 13년 재임기간 중 인도 서쪽의 변방 주 구자라트를 인도 내 낙후 지역에서 인도 제조업의 본산, 행정부패 준청정 지역으로 만든 모디 총리의 리더십과 카리스마가 중앙정부로 옮겨와 지난 5년간 1,200여개의 인허가 법률을 개폐했다. 인도를 명실상부 하나의 국가로 만든 전국단위 GST(부가가치세)도 도입했다.

이에 따라 세계은행의 'Ease of Doing Business' 지표기준, 5년 전 140위

의 인도 국가순위를 2019년 63위로 끌어 내렸고, 코로나 위기를 계기로 토지취득 및 노동관계 법률을 개정하고 후속조치를 추진중이다.

한국의 K방역 성공사례가 현지에 잘 알려져 있어 코로나19를 계기로 한국의 국가이미지, 기업 및 제품브랜드 이미지와 평가도 몇 단계 점프했다. 섬유, 기계, 전자 국내에서 접었거나 해외로 이전한 20~30년 된 우리기업의 기술과 노하우 중 현재의 인도기업이 절실히 필요로 하는 분야가 너무나 많다.

고성장하는 인도 건축산업의 고품질 수요를 겨냥, 10여 년 고진감래 끝에 연 800억 매출로 키운 우리 건자재 전문기업, 우리나라 구미공장에서 습득한 제품 및 공정개선 노하우와 밤을 새워서라도 납품해 혼다, 릴라이언스 등 인도 대기업에 납품하고 있는 어느 전자부품 기업, K-방역의 기술과 노하우를 현지 공장설립과 연계해서 지난해 매출액 150억 원대에서 2020년 7,000억 원대로 점프시킨 코로나 진단키트 기업 등 알려져 있지 않은 우리 중견·중소기업 성공 사례도 많다.

인허가와 운영상의 복잡한 절차와 행정이 발 빠른 우리기업에게는 타국기업 대비 경쟁우위의 원천임을 기진출한 우리기업이 증명하고 있다.

공산당 일당 집행체제가 가져다주는 신속성과 빠른 행정 처리도 인도에는 없다. 뒤집어 본다면, 그래서 사스 사태를 거치면서 일순간 퇴출되어야 했던 중국 내 수많은 우리기업 사례가 인도에서는 없을 것이다. 탈중국 우리기업이 몰리고 있는 베트남 등에는 포화와 경쟁의 후유증이 벌써 나타나고 있다.

인도는 여러모로 중국과 비교되는 나라다. 느리게 가는 시간이지만 수천 년 역사를 통해 검증된 공존문화와 다원성, 70년 전통의 민주체제 국가다. 큰 굴렁쇠의 관성에 비추어 볼 때 현재 제시된 개혁 방향성과 추력은 적어도 향후 30년은 지속될 것이다.

향후 인도 시장은 중국산이 물러나는 진공과 빈 공간을 인도기업을 인도를 포함, 누가 차지하는가의 경쟁일 것이다.

Self Reliant India, 양날의 칼로 우리에게 위기이기도 하지만 큰 기회다.

이데일리 : 2020년 10월 21일

3세계의 희망으로 떠오른 인도의 백신산업

세계 백신산업의 이중구조

세계 백신산업은 GSK, Merck, Pfizer 등 세계 5대 제약 메이저가 공급의 80%를 지배한다. 뇌수막염, 폐렴 등 주로 선진국 민간시장을 상대로 한 신백신 개발과 판매에 초점을 맞추고 있다. 고가 백신 위주여서 매출액의 80%지만 물량 기준은 20%에 불과하다.

코로나19 바이러스 백신도 마찬가지다. 현재 전 세계적으로 320개가 넘는 후보물질이 개발되고 있고, 이중 3상 이상에 도달한 곳은 11개로 알려지고 있다. 국제적 기준을 충족해 긴급 사용승인된 화이자(Pfizer), 모더나(Moderna), 아스트라 제네카(Astra-Zenuca), 스푸트닉 파이브(Sputnik V), 시노백(Sinovac) 등 미국, 영국은 물론 러시아, 중국산 백신이 시장을 선도하고 있다.

반면 고온, 다습한 아프리카, 아시아, 중남미 등 전 세계 인구의 80% 이상을 차지하고 있는 개도국은 주로 각국 정부와 세계보건기구(WHO), 유니세프(UNICEF) 등 국제기구가 발주하는 중저가 공공 조달시장에 의존하고 있다.

세계 백신의 40%를 생산하는 인도, 상온 보관 코로나19 백신 개발 중

인도는 유니세프 수요의 60%를 공급하고 있는 백신강국이다. 대표 기업 세럼(SII, Serum Institute Of India)의 연산 15억 개 등 인도의 연간 백신 생산능력은 80억 개를 넘는다. 생산량의 70% 이상을 세계 160여 국가에 수출하고 있다.

인도 백신산업은 세계적인 제약, 백신 메이저가 관심을 두지 않은 장티푸스, 말라리아 등 제 3세계, 정부조달용 중저가 대용량 백신에 특화해 발전해 왔다.

대표기업 SII는 인도 서부 푸네(Pune)에 기반을 둔 파르시(Parsi, 이란계 소수 민족)게 기업으로 1964년 창업해 세계 제1의 백신생산 기업으로 성장했다. 영국계 아스트라 제네카 Covishield 백신의 세계 최대 위탁생산 기업으로 기존 연산 15억 개에 더해 10억 개의 추가설비를 건설 중이다.

Bharat Biotech, Zydus-Cadila 등 인도의 자체개발 백신도 3상 단계에 있어 2021년 3월 전후 공급을 목표로 하고 있다. 러시아가 개발한 스푸트니크 브이 백신 위탁 생산기업인 Dr. Reddys Lab.도 자체 개발한 백신의 2상 막바지 단계에 있다.

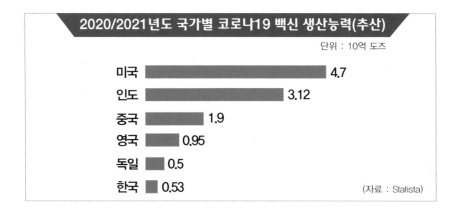

2020/2021년도 국가별 코로나19 백신 생산능력(추산)

단위 : 10억 도즈

국가	생산능력
미국	4.7
인도	3.12
중국	1.9
영국	0.95
독일	0.5
한국	0.53

(자료 : Statista)

인도의 식품의약품안전처라 할 수 있는 ICMR(Indian Institute of Medical Research)은 2020년 5월 세계에서 다섯 번째로 코로나 바이러스 줄기 분리에 성공한 직후 대표기업 Bharat Biotech와 공동 개발에 착수했다. 이에 Bharat은 40명의 전문 인력으로 새벽 4시부터 오후 2시까지와 이후의 2개조로 나누어 연구실과 숙소만을 오가는 24시간 완전격리 연구시스템을 풀가동 시켜오고 있다.

영하 70에서 20도를 요하는 화이자나 모더나 백신과 달리 인도 및 개도국 여건에 맞추어 2~8도의 상온에서도 보관이 가능한 백신을 목표로 설정했다. 주요 경쟁국인 중국과는 안정성과 효과 면에서 차별화된 백신을 만들자는 목표 하에 T-Cell 배양기술의 선두인 미국의 Virovax사와의 기술협력도 같이 병행중이다.

정부의 보증과 자금지원을 배경으로 개발 중인 서구의 코로나 백신과 달리 현재 인도기업이 개발 중인 20여개의 코로나 백신 후보물질 대부분은 이렇게 인도 기업 자체의 결단과 자금으로 개발 중이다.

인도 백신산업의 성장사와 경쟁력을 대변하는 예이다.

전세계 코로나 백신의 1/4을 생산, 100개국 이상 공급 예정

세계 백신시장 규모는 2020년 1,000억 달러로 코로나 영향 등으로 2026년까지 매년 10%가 넘는 성장세를 지속할 것으로 전망된다. 그러나 전 세계 제약시장 연간 규모 1.3조불에 비하면 10% 미만이다.

인도 주간지 〈Business Today〉에 따르면 현재 세계 인구의 13%인 미국, 영국 등 선진국들이 코로나 생산량의 절반 이상을 이미 차지했고, 최대 피해국 영국과 미국은 2020년 12월부터 접종을 시작했다.

그러나 대부분의 국가는 백신의 공급을 학수고대하고 있다. 인도는 기존의 일반 백신과 복제약에서 그래 왔듯이 전 세계 코로나 백신의 25%를 생산, 아시아, 아프리카, 중남미 등 개도국 위주로 100개국 이상에 공급할 것으로 예상된다.

2020년 11월 말 인도 모디 총리는 주말을 이용, 인도 서부의 SII(푸네 주), 북서부의 Zydus(구자라트 주), Bharat Biotech(텔랑가나 주) 3개 백신 기업을 방문, 현황을 점검, 격려하고 인도 자체의 방역 청사진을 가다듬은 바 있다. SII는 2021년 1월말까지 약 1억개 의 영국 아스트라 제네카 백신을 생산할 예정이다. 코로나 누적 확진자가 1,000만을 넘고 있는 인도는 2021년 1월부터 접종을 시작, 7월까지 고위험군 3억명 접종을 마치고 8월 이후 일반국민 대상 접종을 시작한다는 계획이다. 이데일리 : 2020년 12월 14일

제3부
한-인도
경제 이야기

내 안의, 우리 안의 카스트

카스트의 과거와 현재

카스트(Caste). 조선의 반상제도, 서구의 노예제도 등 인류사에 수많은 신분제가 있었지만, 21세기 현재까지도 살아 숨 쉬는 인도의 신분제도다. 기원전 3000년 이후 중앙아시아에서 철제 무기로 세력을 키운 아리안계 유목민족이 현재의 파키스탄을 관통하는 인더스 강 주변에서 인류 4대문명의 하나를 꽃피운 드라비다 원주민을 정복하면서 자신들의 지배를 정당화한 종교·사회체제로 알려져 있다.

5000년 넘는 인도아대륙의 수백여 왕조 하에서도 지배이념으로 자리 잡은 힌두교에 기반을 두고 끊임없이 분화되어 많게는 수천 개의 카스트가 존재한다. 대별하면 조선조의 사농공상과 비슷하면서도 상업의 중요성을 강

조한 '사상농공' 신분체계다.

　지식과 제사를 담당하는 브라민(사제), 전쟁과 통치를 담당하는 크샤트리아(귀족), 상업과 농업에 특화된 바이샤(평민), 수공업 위주의 수드라(공인), 그리고 이 계층에도 포함되지 못하는 불가촉천민 달리트(Dalit)로 대별되고 같은 카스트 내에서도 수백 이상의 서브 카스트가 존재하며 이들 사이에 기능 분화와 상호간 위계도 엄격하다.

　28개 주별로 각 계급별 구성비에 많은 편차가 있지만, 인도 전체적으로 볼 때, 인도 인구의 약 80% 정도인 힌두교도를 기준으로, 불가촉천민이 약 16%, 수드라 25%, 맨위의 브라만이 4%, 바이샤 내 상인집단인 바니야가 3%, 나머지를 중간의 농민(바이샤)과 전사계급(크샤트리아)이 차지한다.

　1947년 독립 이후 40여년 집권해 온 네루(Nehru) 가문을 위시, 현대에 있어서도 인도 정치, 학문, 행정, 사법, 언론 분야에 미치는 브라만의 영향력은 절대적이다. 인도인 출신 11명의 역대 노벨상 수상자 중 인도의 시성 타고르(Tagor)와 1998년, 2019년 노벨경제학상을 수상한 Amartiya Sen, Abhijiit Banerjee는 인도 북동부 벵갈 출신 브라만이다. 2009년 노벨화학상의 Ramakrishnan을 위시, Raman, Chandrashekar 등 과학분야 3명의 노벨상 수상자, 영화 'The Men who knew the infinity'의 주인공으로 현대 수학사에 큰 족적을 남긴 20세기 초의 라마누잔 모두 남부 출신의 브라만이다.

　인도 권력의 또 다른 축인 군대와 경찰의 고위 간부들은 카스트 내 전사집단인 크샤트리아 출신의 비중이 압도적인 것으로 알려져 있다.

Brahmins	Priests, Academics
Khatriyas	Rulers, Administrators, Warriors
Vaishas	Artisans, Tradesmen, Farmers, Merchants
Shudras	Manual labourers
Dalits	'Untouchables', Street cleaners

인도의 전통적 카스트

마르와리(Marwari, 라자스탄 주), 구자라티(Gujarati, 구자라트 주), 펀자비(Punjabi, 펀잡 주) 등 지역별 대표 상인집단(바니아)이 인도 10대 재벌 중 아홉을 차지할 정도로 경제에 대한 바니아의 영향력은 절대적이다. 인도 3대 전자상거래 기업 Flipkart, Snapdeal, Myntra 등의 창업자는 모두 마르와리 내 반살(Bansal) 가문 젊은이들이다.

반면, 인도 주요 도시 내 일상에서 접하는 청소부, 구두수선공, 짐꾼, 경비원 등의 카스트는 수드라 내지 불가촉천민일 확률이 높다.

약화되고 희석되는 추세이지만 현대 인도도 4%의 브라만(권력)과 3%의 바니아 그룹(금력)이 지배하는 사회란 평가를 많이 한다. 사상, 문화, 돈이란 핵심가치를 지배하고 있다.

카스트와 인도인의 일상, 그리고 변화

인도 암다바드의 호텔 노보텔(Novotel) 주방장은 브라만 내에서도 상층 브라민인 샤르마(Sharma)다. 낮은 계급이 한 요리는 먹지 않는 카스트 전통으로 요식업 계통에 브라만 출신이 많이 진출하고 있지만, 이 샤르마는 일반 손님을 대해야 하는 호텔 내 직업공간과 퇴근 후 집안과 귀향한 고향에서의 역할과 위상이 상반된 정체성의 혼란을 겪고 있다. 인도 어느 도시에 가도 '아가르왈(Agarwal)'이란 상인집단(성)을 수없이 접하게 된다. 인도 상인집단 내 본류 중의 본류임을 자부하는 마르와리의 핵심그룹이다. 수천 년 무역, 금융, 상업 특화 전통에 맞추어 대부분이 창업이나 사업 쪽에 종사하지만 열린 문과 다른 가치를 찾아 학계, 회계사, 변호사 등 전문직, 공직 분야에 진출한 아가르왈을 만나는 일은 흔하다.

인도 근현대 사회적 격변기 중 적응과 변화를 잘 못한 그룹이 크샤트리야 계급이다. 전쟁과 전투에의 특화 전통으로 글이나 재산 등을 후순위에 두었던 탓이다. 이 크샤트리아 출신의 타코르(Mr. Thakor)는 아버지와 3 형제의 모두 운전에 종사하고 있다. 가산을 탕진한 할아버지 때의 영화를 회복하기 위해 8살 외동아들을 자신이 다닌 8학년 의무교육이 아닌, 영어 사립학교 무상교육과 대학교육을 시키는데 모든 초점을 맞추고 있다.

아쇼크는 인도에서도 가장 못 사는 주로 알려진 북부 비하르(Bihar) 주에서 대대로 구두수선 일에 종사해 오던 불가촉천민이다. 끼니조차 잇기 어려운 고향을 떠나 수도 델리 인근 주택가 입구에 가설 구두수선점을 11년째 운영하고 있다. 고향에 남겨둔 딸 셋을 사립학교에 보내기 위해 휴일도 없이 그 자리를 지키고 있다.

1947년 독립헌법 하에서 카스트로 인한 차별철폐를 명문화한 이후 인도에서 카스트 제도는 법적으로 폐지되었다. 현재 'Ministry of Social Justice and Women Empowerment(사회정의여성복지부)'라는 인도 특유의 중앙부처를 통해 차별받아 온 하위 카스트 계층의 교육과 복지증진을 위한 각종 프로그램을 개발, 시행하고 있다.

수많은 중 하위 카스트계급을 각 주별로 분류, 지원하고 있는데 지원 대상은 크게 ST(Scheduled Tribe), SC(Scheduled Caste), OBC(Other Backward Caste)다. 먼저 ST는 인도 북동부의 몽골티벳계 주민 등 주로 인도 전역에 분포된 소수민족 집단이다. SC는 불가촉천민(Dalit), OBC는 수공업 종사 수드라를 위주로 근현대사 격변기에 적응에 가장 실패한 크샤트리아 계급 등 그 경제, 사회적 지위가 급속히 추락한 계급으로 이 ST, SC, OBC는 주기적으로 추가하기도 하고 빼기도 한다.

SC, OBC별 가산점은 차이가 있지만 이들 3개 그룹에 속하고 소득, 자산이 일정 기준에 미달할 경우, 사립학교 쿼터 배정 및 무료교육, 대학입시, 공기업 및 정부관리 임용에 있어서 별도의 쿼터 내 경쟁원리를 적용하고 있다.

이와 같은 지원책과 도시화, 소득 증대로 이미 천민 출신의 대통령을 배출하였고, 중·고위 공직에 진출하는 달리트 및 수드라 출신들이 급속히 증가하고 있다.

인도 인구의 60%가 거주하는 시골에서 카스트 문화와 전통은 아직도 강하지만 교육 확대와 소득증대, 돈과 직업이 거의 모든 것을 규정하는 도시화로 카스트 제도의 영향력은 계속 우하향 추세다.

내 안의, 우리 안의 카스트

2000년 전후 4년, 그리고 그로부터 20년을 건너 뛰어 최근 2년 등 모두 7년 동안 인도와 인도인의 일상을 규정하는 카스트와 그 변화를 현지에서 체험하면서 이 카스트 제도가 5,000년 넘게 현재까지 상재하는 힘과 근원은 무엇일까를 수없이 자문해 보았다.

무엇보다 문화, 규범, 권력의 대를 이은 독점 · 제도화와 카스트 상하 간 권력 불균형이 근원일 것이다. 이에 더해 윤회의 힌두 세계관과 카스트 위계 내 위로부터의 차별보다는 아래 카스트를 차별하는데서 오는 위안적 자부심 내지 합리화도 큰 몫을 차지했다.

사람 인(人)자가 의미하듯 혼자서의 사람이란 의미도 없고 힘도 없고 도덕도 불요하다. 원시 인류의 사냥처럼 한정된 사냥감을 효율적으로 사냥하고 지켜내기 위해서는 같은 집단 내 연대와 유기적 분업이 그 성패와 양을 좌우했다. 이런 연대와 분업체계는 인간이 동물집단에 대해 가지고 있는 절대적 경쟁력이다.

지연, 학연, 직연 등도 따지고 보면 불완전한 인간이 동류라는 본연의 감정에 더해 한정된 목표나 가치로부터 나와 우리에게 할당될 몫을 키우기 위한 현대판 연대본능이며, 개인적 소집단 관점에서의 최적화 모델이고, 발전의 원동력일 수도 있다.

한 분야, 한 직업에 한평생 몰두케 하고 동류집단끼리 끈끈한 공동체 문화를 형성했을 때의 그 무서움을 인도 상인집단, 똑똑하고 대국적인 시각의 대학생들과 바늘구멍을 통과한 인도 고위공무원단, 불가촉천민의 구두수선공 등을 통해 수없이 보고 있다.

제도화, 고착화, 밖에 대한 획일적 차별화가 문제다. 우린나라 면적의 50배에 달하는 이 인도아대륙의 5,000년 역사에서 수백 개 국가가 난립, 현대 인도 이전 진정한 통일 민족국가는 인도아대륙에 없었다. 외침만 받아왔지 밖으로 뻗어나간 경우가 거의 없었던 원인도 카스트의 제도화, 고착화가 가져다 준 내적 분열과 사회적 동력의 약화가 주원인일 것이다.

그러나 인도는 하나의 국가로 탄생한 지, 그리고 카스트 제도가 철폐된 지 70여년을 지나고 있고, 인도 정부와 시민집단, 깨인 지도층의 계몽노력, 경제발전과 도시화로 판 자체가 뒤틀리고 있고 변화의 에너지가 분출되고 있다. 미래 인도는 기능적 카스트의 순기능과 계급성 카스트 폐해간의 어느 지점일 인도판 균형점을 꾸준히 모색해갈 것이다.

따라서 21세기 인도를 카스트 신분제도의 나라, 신비의 국민으로 고정시키는 것은 내가 인식한 부분을 전체화해 이해하려는 편의적 사고의 산물이다. 한 나라가 아니었고 현재도 아닌 이 복잡하고 다양한 사회를 하나의 국가란 프레임으로 들여다보는 일반화 관성의 결과물이다.

정체성 확립과 기능적 분업이란 넓고 긍정적인 의미로 넓게 해석한다면 카스트가 반드시 부정적인 것은 아니며 나 자신과 사회의 발전 원동력이 될 수도 있다. 칼 포퍼류의 열린사회에 반하는 제도화, 고착화, 닫힌 사회화가 문제다.

내 안에도, 우리 안에도 수많은 카스트가 존재한다.

한겨레 이코노미 인사이트 : 2020년 8월호

간디의 현대사회 7계(戒)

인도아대륙 5,000년 정치사의 4대 위인으로 부처, 기원전 인도 최초의 (북)인도 통일왕국을 건설하고 불교를 세계에 전파한 마우리아 왕조의 아소카 대왕, 16~18세기 무굴제국의 부귀 강성을 대변하는 악바르 대제, 그리고 인도 독립의 아버지 마하트마 간디가 있다.

이중 간디는 인도의 모든 지폐에 등장하는 유일한 인물로 인도 독립과 건국을 상징하는 위인이다.

1947년 이전까지 인류 4대 문명발상지이자 세계 3대 종교의 발상지로 남한 땅의 50배가 넘는 이 인도아대륙을 통일한 국가나 왕조는 없었다. 북인도의 세계 제국 무굴(Mughal) 300년 이후 200여 년의 영국 식민지 기간에도 인도아대륙 각지에 500여 제후국이 난립해 있었고 무굴제국도, 영국도

인도 북서부 구자라트 주 암다바드시 소재 간디아쉬람 입구. 필자 직접 촬영.

이들 간의 '이이제이(以夷制夷)'를 통해 그 지배를 겨우 유지할 수 있었다.

그만큼 인도아대륙은 종교, 인종, 언어, 카스트 등 세계사적으로 인류사적으로 스펙트럼이 가장 넓고, 표준편차가 큰 지역이다. 이런 복잡하고 난해한 요소를 하나로 묶어 인도사 최초의 자체 통일국가를 독립과 함께 이루어낸 인물이 마하트마 간디다.

1948년 1월 30일 오후 본인이 그토록 열망하고 추구했던 인도아대륙의 통일국가가 6개월 전의 인도, 파키스탄의 분리 독립으로 무산되고, 그 과정에서의 동족 상흔으로 간디 자신이 고뇌하고 있던 날, 어느 힌두 광신도의 총탄에 간디는 80 인생을 뒤로 했다.

저격 당일, 수필 메모지에 담아 자신의 손자에게도 전한 현대사회 7계

〈7 Social Sins in Our Society〉[1]는 간디가 평생을 닦고 실천하려고 했던 지침이다.

1) 노동 없는 부 (Wealth without Labor)

2) 윤리 없는 쾌락 (Pleasure without Conscience)

3) 인격 없는 지식 (Knowledge without character)

4) 도덕 없는 경제 (Commerce without Morality)

5) 헌신 없는 종교 (Religion without Sacrifice)

6) 인간성 없는 과학 (Science without Humanity)

7) 철학 없는 정치 (Politics without Principles)

간디가 태어나고 또 전국구 인물로 성장한 곳은 인도 북서부의 구자라트 주다. 이 구자라트 주 제1 도시 암다바드(Ahmedabad)의 사바르마티 (Sabarmati) 강변에 간디 아쉬람이 있다. 20여 년에 걸친 남아공화국 내 인권변호사 이력을 뒤로 하고 1919년 현대 물질주의의 병폐와 식민 인도의 문제를 극복하자는 집단생활, 철학 운동을 제시한 힌두 수련원이다. 영국의 식민지배에 맞선 비폭력 무저항 운동의 상징인 1930년 간디의 소금행진 (Salt March)[2]의 출발지이기도 하다.

---

1) 1920년 3월 Anglican 선교사 Fredrick Lewis Donaldson이 처음 제시한 개념으로 6개월 뒤 간디가 운영하던 주간지 Young India에 소개하고 본인 자신이 평생 다져오고 실천한 개념

2) 1930. 3. 12 ~ 4. 6 간디 주도로 암다바드 시 간디 아쉬람에서 구자라트 주 남부 Dandi만까지의 384km 도보 행진을 통해 주창한, 대영제국의 소금세 철폐를 위한 비폭력, 무저항 운동.

간디 아쉬람 내 간디 박물관(암다바드). 필자 직접 촬영.

시진핑, 아베, 클린턴 등 외국 주요 인사가 인도를 방문했을 때 역시 구자라트 출신인 모디 총리가 수도 델리에서 1,000㎞ 떨어진 이곳 암다바드로 초청했던 역사적 명소다.

소박하고 간결하고, 여백이 충만한 이 간디 아쉬람은 일반 기념관이나 박물관과 달리, 벽이 없고 기둥이 거의 없다. 힌두와 무슬림의 종교, 사제 브라만과 불가촉천민의 카스트를 하나의 체제에서 감싸 안으려 했던 간디의 인생, 정치철학이 고스란히 투영된 건물이다. 간디가 현대사회 7계를 처음 접하고 되새기고, 발전시킨 공간이다.

볼 때마다 다르고, 의미도 천차인 너무나 무거운 주제지만, 고통의 순간, 간디의 현대사회 7계를 되새겨본다. 이데일리 : 2020년 4월 11일

03

인도의 K방역 성공사례, 벵갈루루

2020년 6월 5일 기준 인도의 코로나 바이러스 공식 확진자는 23만 명 수준이다. 미국, 브라질, 러시아 등 인구대국의 급증세와 궤를 같이해 세계 7위다.

현재의 5%, 10,000여 명 전후의 일일 증가세와 지난 2달 반여 지속된 국가 전체의 락다운(Lock Down) 조치 대부분이 6월 8일부터 해제될 경우, 6월 중하순 누적 확진자 40만, 7월 중순 100만 전후라는 비관적 전망도 제시되고 있다. 인도 서부 뭄바이, 북부 델리, 남부 첸나이, 인도 제조업의 본산 북서부 암다바드, 이들 4대 도시가 전체 확진자 수의 질반을 차지하고 있다.

2020년 3월 25일 전 세계 최초로 도입, 2달 반여 지속된 국가봉쇄 조치는 14억 인구 인도의 과거 감염병 피해사례와 열악한 주거, 의료여건 상 불가피했고 확산세를 조기에 저지하고 시간을 크게 벌어준 것으로 평가된다. 그러나 정책수립, 집행과정에서 지방정부 간 엇박자, 도시 일용 근로자, 빈민가 등 고위험 집단에 대한 선제적이고 전략적 접근 부족 등은 개선과제로 지적되고 있다.

이러한 확산세 속에 아시아의 실리콘 밸리라 불리는 인도 중남부 벵갈루루(Bengaluru)의 방역성공 사례는 인도 내 타 지역 및 정부의 모델로 주목을 받고 있다.

2020년 6월 5일 기준 1,300만 인구의 벵갈루루의 누적 확진자수는 400여 명으로 이중 250여 명이 완치되었고, 일일 증가세는 10~30명 대에 머물고 있다. 비슷한 인구의 서부 뭄바이 50,000여 명, 북부 델리 25,000여 명, 현대자동차 공장이 위치한 남부 첸나이의 17,000여 명 대비 무의미하고, 서울의 누적 확진자 수 900여 명의 절반에 그치는 숫자다.

벵갈루루는 미국 밖 해외에 개발된 최대의 역외 ICT(정보통신기술) 개발단지로 연 1,500억 달러에 달하는 인도 ICT 수출의 본산을 이루는 곳이다. 인도 중앙의 데칸고원 중에서도 남부의 해발 900여 미터에 입지해 있다. 고원지대가 주는 연중 25도 전후의 쾌적한 날씨와 풍부하고 저렴한 기술인력, 정부의 유치 노력이 어우러져, 90년대 중반부터 세계적인 IT, 소프트웨어 기업이 모여들기 시작, 현재 세계 500대 기업 중 400여 기업이 이곳에 개발센터를 두고 있어 인도에서도 가장 이국적인 지역이다. 플립카트(Flipkart), 올라(OLA), 아마존 인디아(Amazon India) 등 인도 유니콘(Unicorn) 기업 및 스타트업의 성지로 삼성, LG도 해외 최대의 소프트웨어 개발기지를 이곳에서 운용하고 있다.

뱅갈루루는 보건국 주도 하에 인도 전역의 국가봉쇄가 도입되기 2주 전인 2020년 3월 초 도시를 봉쇄하는 동시에 연구소, 민간이 참여하는 '상황실(War Room)'에 전문가 집단을 집중 배치, 이들의 처방과 정책을 100% 수용했다. 이 상황실을 중심으로 기 감염 및 감염 고위험의 38개의 격리시설(Containment Zone)을 집중 관리, 봉쇄하는 한편, 이들 지역 거주자들에 대한 생필품, 의료 지원에 집중했다. 문서, 전화 보고에서 오는 시차와 혼선을 피하기 위해 중앙 및 일선 공무원, 의료집단, 유관기관 관계자들이 접근할 수 있는 통합 웹을 통해 3T(Trace, Test, Treating) 원칙 하에 감염원은 물론 2, 3차 무증상자 및 샘플 추적을 철저히 하는 한편, 시민들의 자발적 협조를 구해 나갔다. 인도판 질병관리본부, K-방역의 성공 사례라 할 수 있다.

뱅갈루루 외 케랄라(Kerala), 망갈로르(Mangalore), 아그라(Agra) 등 인도정부가 역점 추진하고 있는 스마트 시티(Smart City) 대상지역과 행정 효율성이 더해진 인도 내 여러 지역에서 뱅갈루루와 비슷한 방역 성공사례를 전하고 있다.

인도는 하나의 국가가 아니라 28개 주로 이루어진 유럽식 연방제 국가임을 이번 코로나 사태를 통해 재삼 실감하고 있다. 필사의 노력을 하고 있지만 각 주, 그리고 시는 코로나 사태에 대한 성적표를 지참하고 유권자 그리고 외국인 투자기업의 평가를 기다릴 것이고, 그 편차는 매우 클 것 같다.

이데일리 : 2020년 6월 15일

[후기] 이 기사 이후 인도에서 가장 성공적인 방역을 선도했던 벵갈루루와 인근 케랄라(Kerala) 주는 밀집된 주거 환경 등의 원인으로 인근 도시, 주의 코로나 확산세를 통제할 수 없었다. 이에 따라 2021년 2월 15일 기준 벵갈루루시가 소속된 카르나타카(Karnataka) 주 및 케랄라 주의 누적 확진자 수는 각각 100만 명에 달해 인도 28개 주 중 각 2위 및 3위를 기록하고 있다. 14억 인도 인구와 밀집된 주거환경 상 현재의 코로나 바이러스 확산은 인간의 힘으로는 통제할 수 없었음을 대변해 주는 사례가 아닌가 한다.

코로나19에 고군분투하는 인도 진출 한국기업

04

2020년 인도경제 −7% 역성장, 3억 확진자로 집단면역에 가까워져

인도의 하루 확진자수는 2020년 9월말 기준 10만 명에 접근한 이후 지속 감소 추세를 보여 2021년 2월 기준 공식 하루 확진자수는 1만~2만 명대로 낮아졌다.

그러나 인도정부가 2021년 2월 3번째 발표한 항체 역학조사에 따르면 인구의 20%인 약 3억 명 정도가 항체를 보유하고 있다. 일부 민간기업의 추정에 따르면 수도 뉴델리 및 뭄바이의 항체보유율은 50%를 넘어서고 있다. 집단면역 직전 수준이다.

2020년 3월 하순 이후 1년 가까이 지속되고 있는 일반 국제여객편 중단이나 학교 온라인 수업을 제외하면, 2020년 8월 이후 인도는 급속히 해제

모드로 돌아섰다. 델리, 뭄바이, 첸나이, 벵갈루루 등 주요 도시도 경제 회복의 절실함에 맞추어 이제는 코로나19 이후를 차분히 준비하고 있다. 답답하고 갑갑하면서도 한편 일희일비하지 않는 대국, 인도의 모습을 보는 듯하다.

2020년 3~6월 국가 완전 봉쇄조치 여파로 2분기(4~6월) 인도 GDP는 24% 감소했다. 그 여파로 2020년도 인도 경제성장률은 독립 후 최악인 −7%대까지 추락했다.

한국교민 주재원 12,000명 중 8,000명이 현지잔류, 일본 · 서구와 대비

현재 인도에 진출한 우리기업 수는 약 700개사이고 누적 투자금액은 70억 달러이다. 교민과 주재원 수는 약 12,000명 전후로 이번 코로나19 와중에 귀국한 일부 가족, 유학생을 제외한 9,000여명의 주재원과 교민이 공장과 사무실 현장을 지키고 있다.

생산 공장을 칸막이 형태로 분할해 옆 섹션에의 영향을 최소화하고, 공장 내 방역 및 위생 특별대책은 물론 근로자 특별 수송 및 투숙 대책을 지난 6월부터 강화, 개선해 오고 있다.

봉쇄기간 중 마스크, 진단키트, 산소호흡기를 포함한 방역 물품과 성금, 빈민 구제에 가장 적극적인 기업군 및 교민사회는 단연 한국기업 및 인도 내 한인회였다.

인도주재 한국대사관도 2020년의 후반 7개월 간 델리 소재 대부분의 대사관이 자국 복귀 내지 재택근무 모드로 전환한 와중에도 대사관, 영사실을

휴일도 없이 운영, 타국 대사관의 질시 내지 경외를 받고 있다. 인도 내 6개 코트라 무역관도 마찬가지다.

일사불란한 집단문화와 개척정신으로 유명한 일본은 인도 승용차 시장의 절반을 차지

코로나19에도 불구 현지에서 봉사 중인 신봉길 주인도한국대사 내외 및 교민회 기사가 〈Times of India(2020. 4. 24)〉에 실렸다. 사진은 주인도한국대사관 제공.

하고 있는 스즈키(Suzuki) 사를 필두로 한 자동차 및 부품과 전통적인 전기·전자 업종을 중심으로 현재 약 1,500개 기업이 진출해 있다. 350억 달러의 누적투자를 기록하고 있으며 11,000여 명의 재외국민을 포진시킨 대인도 투자 4위 국가다. 그러나 인도 내 코로나19 급속 확산으로 지난 3월부터 본국 철수를 시작해 현재 인도 내 일본 교민, 기업인 체류자 수는 약 2,000~3,000명 수준에 불과하다.

오라클(Oracle), 소프트뱅크(Soft Bank) 등 인도 진출 다국적 기업 대부분은 봉쇄 완화 기조에도 적어도 2020년 말까지는 본국 또는 재택근무를 일상화한 바 있다.

인도 국민 및 당국의 호평, Post Corona 더 큰 과실 기대

반면, 한국 기업과 기업인들은 공장에서 사무실에서 고군분투 중이다.

현재 인도 내에서 성장세가 가장 빠른 한국계 은행은 신한은행이다. 1997년 한국의 IMF 금융위기 당시 인도 내 여러 은행지점 중 유일하게 뭄바이 지점을 지킨 당시의 조흥은행(추후 신한은행과 합병) 지점 덕분이다.

강대국, 그리고 중앙은행, 재무부와 같은 자존심 높은 엘리트 집단은 이런 역사까지도 인수인계를 한다. 20년도 넘은 이런 사례가 인도 중앙은행의 배려로 연결되어, 그 어려운 인도 내 외국계은행 지점 확장에 있어 특별 배려를 받고 있는 것이다.

현대자동차, 삼성전자, LG전자가 1990년대 중반 일찍이 뿌리를 내리고 해외 전 영업장, 법인 중에서 매우 높고, 꾸준한 수익을 내는 이유는 개방 직후의 그 어수선한 시기에 일본이나 서구 기업에 앞서 진출해 더 고생하고, 현지적응 노하우를 체화하고, 인도 소비자 · 관료집단의 인정을 받은 결과다.

우리의 신남방 정책과 인도의 신동방 정책이 톱니바퀴처럼 맞물리고 있다. 양국 정상 간 인간적 신뢰가 더해져 현재 양국 간 교류협력 수준은 양국 독립 후 최상의 단계다.

이에 인도사회에서 회자되고, 인정받고 있는 우리 기업인들의 이러한 적극적이고 도전적인 정신과 자세는 미래 G2 인도의 성장, 회복과 함께 어느 나라 기업, 기업인들보다 더 많고 풍족한 보상으로 연결될 것이다.

이데일리 : 2020년 9월 30일

참고문헌, 자료(References)

English

1. Nikhil Inamdar, How Baniya do business, Penguin Random House 2014
2. Chinmay Tumbe, India Moving, Penguin Ramdom House 2018
3. Thomas A. Timberg, The Marwaris From Jagat Seth to Birla, Penguin Random House 2014
4. Jawaharlal Nehru, Glimps of World History, Penguin Books 2017
5. K.R. Gupta, Narendra Modi : Vison and Accomplishments, Atlantic Publishers 2016
6. Sameer Kocchar, Modinomics, Inclusive Economics Inclusive governance, Skoch Media 2014
7. Shasank Shah, the Tata Group, Penguin Ramdon House 2018
8. Rakesh Mohan, India Transformed, Penguin Books 2017
9. Vaish Associates Advocates, India Business Guide 2021
10. Andrew Robinson, Maharaja, Thomas & Hudson 2009
11. Shree Ramkrishna, Diamond Education and Beyond, SRK 2007
12. Manohar Pandey, General Knowledge 2019, Arihant Publishing 2019
13. wikipedia.com
14. Quora.com

국문

1. 오화석, 마르와리 상인, 매일경제신문사 2016
2. 박민준, 포스트 차이나, 진짜 인도를 알려주마 프렌지 북스 2017
3. 김도영, 12억 인도를 만나다, 북치는 마을 2008
4. 홍익희, 유대인 이야기, 행성B 2013.
5. 김승호, 맛살라 인디아, 모시는 사람들 2008
6. 조길태, 인도사, 민음사 2012
7. 손창호, 인도 인사이트, 한국학술정보 2018
8. 김광로, 인도경영 시크릿, 한울 2012
9. 삼성전자 서남아총괄, 살아숨쉬는 인도이야기, 삼성전자 2016
10. 공영수, 또 다른 인도를 만나다. 평단문화사 2014
11. 이옥순, 우리안의 오리엔탈리즘, 푸른역사 2003
12. 에릭 H. 에릭슨, 송제훈 역, 간디의 진리, 연암서가 2015
13. 장마리 펠트, 김중현 역, 향신료의 역사, 좋은 책 만들기 2005
14. KOTRA 서남아지역본부, 국가정보 [인도], 국가정보 [파키스탄] KOTRA 2021